現代臨床政治学
シリーズ
1

リーダーシップの政治学

石井貫太郎

東信堂

現代臨床政治学シリーズ全20巻

刊　行　の　辞

昨今、日本の内外をめぐる政治状況は混迷を極めている。国内的には、若年層の投票率低下に代表されるような政治的無関心が蔓延し、一方国際的には、米国の強硬な世界政策に基づく緊張をはじめとした、一触即発の切迫感が充満している。この著しい落差を抱きつつ、現在日本の政治は大きな岐路にさしかかっているといえよう。こうした危機的な状況下、たとえば、混迷に処するための政治的リーダーシップの研究、国民の要望により切実に繋がるメディアや世論調査の在り方、民意をより適切に反映する選挙及び選挙法の研究、また現下の国際状況を踏まえた、憲法改正論議を含む安全保障についての議論等、われわれ政治研究者に課せられた課題は多い。

このような現状認識の下、われわれは、今日の政治学が従来の理論研究を主体とする研究スタンスのみでは不十分と考え、「臨床政治学」を提唱するに至った。臨床政治学は、ともすれば理念にとらわれて現実の政治の実態を見失う恐れのあるアカデミズムと、逆に、ともすれば現実に密着するあまりに政治に対する規範的な視点を欠落させがちなジャーナリズムとの双方の研究スタンスの弱点を補完しつつ、研究対象を客観的に分析・診断するとともに、現実政治の病患のより有効な剔出・治癒をめざす試みである。それはまた同時に、一方では大衆性と現場主義というジャーナリズムの特性と、他方、理念の実現のためあえて世論に抗して孤立も辞さないアカデミズムの特性との双方の接点を探りつつ、その融合を試みることによって、そこで得られた研究成果の社会還元をめざすスタンスである。以上のような趣旨に基づき、先にわれわれは、現代臨床政治学叢書（全3巻）を公刊するとともに、2003年3月には「臨床政治学会」を発足させ、また同年7月には日本臨床政治研究所の設立に漕ぎ着けた。

さらに今回、われわれは、今後のさらなる発展を期し、（株）東信堂のご協力を得て『現代臨床政治学シリーズ（全20巻）』を刊行することとした。各巻の内容は、各々の執筆者の人と業績と理論に裏づけられた研究成果であり、専門家のみならず、学生や一般市民にも十分理解できるよう、簡潔な文体と興味ある内容を備えている。ここに関係各位のさらなるご協力を求めるとともに、本シリーズの各巻が多くの人に活用され、今後の政治学研究の発展に寄与することを望むものである。

2004年3月

編集委員　岡野 加穂留

大六野耕作　伊藤　重行　藤本　一美

まえがき

ひと頃よりはだいぶ沈静化しつつあるが、昨今の日本の論壇や世評を賑わす話題として、いわゆる信頼できるリーダーシップを発揮してくれるような新しい指導者を望む声が高まっている。残念ながら、どうやら多くの日本国民にとって、今の政治家や彼らがおこなう政治活動は、もはや信頼には値しないと考えるような社会の風潮があるようである。もちろん、このような超人リーダー待望論は、当該社会における難問が山積したり、その社会を統括するシステムの機能自体が行き詰まったりすれば、おおよそどこにでも必ずといって良いほど生起する社会現象の一種である。つい先ごろ、二〇世紀の前半期においても、いわゆる世界大恐慌に端を発した経済的な閉塞感と政治的無関心の風潮は、すぐさま世界各国で強力なリーダーを期待する声へと転換し、一方では、ルーズベルト、チャーチル、ド・ゴールなどの英雄的な位置づけを与えられている多くの有能な政治家たちを輩出させるともに、他方ではまた、ムッソリーニ、ヒトラー、スターリン、フランコなど、多くのファシスト政治家たちを暗躍させる温床となったことは記憶に新しい。

しかし、日本にとっては、こうした一般的な事情に加えて、わが国特有の要因が存在していることもまた、事実である。すなわち、明治維新から第二次世界大戦に至るまでの時代において、政治や軍事の側面で世界の一等国をめざして努力してきた日本と日本人は、先の敗戦によって、その目標を好むと好まざるとにかかわらず経済的分野へと転換せしめられ、今日、世界の覇権国であるアメリカに次ぐ、そして、たった一国で全EU諸国と肩を並べるほどの巨大な経済大国となった。

しかし、どんなに経済や経営の突出した力量をもってしても、それを支える土台としての政治的基盤が整備されていなければ、世界における確固たる地位を占めることも、また、世界の人々から尊敬されるような国になることもできないのである。そもそも戦後にきちんとやるべきであった政治社会の構築という名の課題をなおざりにして、経済という別の活動に専念してきた今こそ、その巨大な宿題がこの国と国民に改めて大きな課題として背負わされることになったわけである。そして、いわゆるリーダー待望論は、その典型的な派生現象ともいえるであろう。

このような社会の動向を受けて、本書は、これまで主として経営学や心理学の分野で展開されてきたリーダーシップ研究を、それら他の分野における研究成果をも踏まえた上で、新たに政治学的な視野から検討していく研究書として執筆された。いわゆるリーダーシップ＝指導性という概念は、本来は、国家や社会を統括するための力量や技術を論じる研究分野の概念であり、したがって、その研究の本家(?)はもともと政治学であったはずではないだろうか。今日、世評で大活躍している心理学や経営学の研究者たちに負けないように、われわれ政治学者もまた、こうした研究分野へのアプローチを積極的に遂行していきたいと思う。

なお、本書の企画が実現されるために、日本臨床政治学会の岡野加穂留先生(理事長・元明治大学学長)および藤本一美先生(専修大学教授)ならびに東信堂編集部の松井哲郎氏のおとりはからいがあった。ここに記して感謝申し上げたい。

二〇〇三年一一月二四日

著　者

目次

リーダーシップの政治学——政治家にふさわしい資質とは何か?

「……賢い人間であれば、先賢の踏んだ足跡をたずね、並はずれた偉人をこそ、常に範とすべきであろう。それは、たとえ自分の力量がその域には達しないとしても、せめてその人物の残香にあずかりたいと思ってである……」

マキアヴェッリ『君主論』

序章　リーダーシップとはなにか？

1　リーダーシップとは？

(1)　リーダーシップ研究の意義

昨今、わが国の政治社会における国民の需要として、信頼できるリーダーシップを発揮できる政治指導者の到来を望む声が高まっている。また、このような傾向は、政治社会に限らず、より一般の経済社会や産業組織、企業社会においても同様である。そこでは、望ましいリーダーシップとは何か、いかなる人物がリーダーシップを発揮するにふさわしいかなどの問題が議論され、主として経営学や心理学の領域において、多種多様な数多くの成果が提示されている(1)。

いうまでもなく、このような卓越した技量を有するリーダー待望論は、過去の人類史それぞれの時代において、当時の社会に大きな構造的な変動が訪れたり、その社会が急速な変革期に突入したりする場合には、少なからず幾度も生起してきた代表的な現象のひとつである。特に、大衆社会が成立して以後の民主主義的な社会においては、解決が非常に困難な社会問題が生起すると、そうした問題に対する対応の役割と責任を、一人の卓越した力量を有するリーダーに任せたくなるのが人情というものであろう。かくて現代の日本社会は、政界や政府官庁の組織のみならず、民間企業、学校、病院、果てはＮＧＯ・ＮＰＯに至るまで、猫も杓子もリーダーシップ論のブームとなったわけである。

さて、そうした動向の中にあって、最もこの種の議論を興隆させている分野は、やはり経営学や心理学、または広義の社会学であると考えられる。また、小説(特に歴史小説)やジャーナリスティックな分野における啓蒙本なども、そうしたリーダーシップ論の一翼を担っている(2)。しかしながら、特に第二次世界大戦後のこうした研究動向が定着する以前の時代においてリーダーシップという概念を議論する役割を担っていたのは、何といっても政治学や歴史学であったと認識するべきであろう。リーダーシップ＝指導性という概念そのものが、国家に代表される社会組織の運営をつかさどるリーダー＝指導者にまつわる活動だからである。

いにしえのプラトンやアリストテレスを引き合いに出すまでもなく、中世・近世のマキアヴェッリ、モンテスキュー、ホッブズ、そして近代のヴェーバーなど、いわゆる権力装置としての国家を政治的に主導する立場にあるリーダー――現代社会においては政策決定者とでも換言すべき指導者の資質や行動を論じた研究成果は多い(3)。したがって、われわれ政治学者もまた、世評で活躍する経営学者や心理学者の研究成果を踏まえた上で、こうした問題領域における積極的な研究活動を展開していく必要があるのではないだろうか。

(2) リーダーシップとは何か？

ところで、このように世評を賑わすリーダーシップという概念は、そもそも何を意味するコンセプトなのであろうか？　たとえば、スタッグディルは、リーダーシップとは、集団のメンバーに受け入れられることが可能な具体的目標を設定し、それを達成するために個々のメンバーの行動を統合的に組織化しつつ、その行動のレベルを一定の水準に維持し続けるという集団全体の機能であるとしている[4]（図表 序‐1）。また、リーダーシップとは、その活動のために人間関係的な影響が集団全体におよぶ過程全体であるとも考えられると論じている。そして、リーダーに必要とされる技能やパーソナリティの特性は、その状況の必要性に応じて変化するものであり、したがって、リーダーシップが有効に機能するかどうかは、集団の外生要因および内生要因に依存すると結論している。

また、ティードは、リーダーシップを、人々が望ましいと感じる目標への達成に向かって互いに協力し合うように

図表 序‐1　リーダーシップの2次元

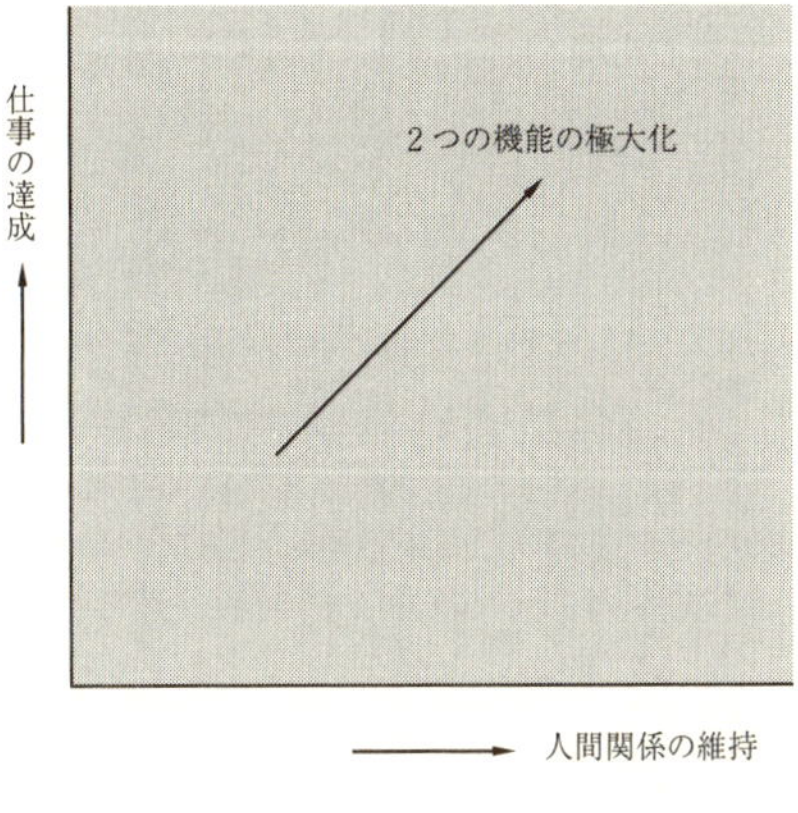

田尾(1999)172頁

集団構成員の心情を誘導する影響力であると定義している[5]。ここでは、リーダーシップが影響力であるという点と、リーダーシップに成果志向と人間志向の二つのベクトルがあるという点が指摘されていることが特徴である。

さらに、山川勝巳教授によれば、リーダーシップとは、ある個体ないし個体群が、通常は同種の他の個体または個体群の行動を制御し一定の方向へ導く活動であるとされている[6]。また、その役割は、集団の環境への適応(問題発見と予見)、集団の目標達成(組織化)、集団の分業と協業(配置)、集団のモラール維持などであり、構成員は、それぞれ協力者、支持者、同調者、反対者、無関心者に分類されるという。さらに、リーダーシップの有効性として、集団構成員のまとめ役的な能力の機能、指導能力による構成員の熟達、指示の自発的受容による効率化、意思決定およびコミュニケーション機能の効率化、集団の分業組織の発達をあげている。

さて、以上のような議論をまとめると、リーダーシップ、特に政治的なリーダーシップとは、当該国家にとって望ましい将来的なビジョンを明確に提示するとともに、そうした方向へさまざまな利害関係を調整しながら国民を先導していく政治的役割であると考えられるであろう。本書では、こうした定義に基づいて、いわゆるリーダーシップ研究のための政治学的な分析枠組を構築するために、以下の第一章〜第三章において、リーダーシップに関する他分野の先行研究を概観し、その傾向と問題点を検討した後に、続く第四章〜第五章において、リーダーシップの政治学的な分析枠組の構築を遂行しつつ、最後に、第六章において若干の事例研究を試行し、その理論的枠組を強化していきたいと思う。

2　日本におけるリーダー待望論

(1)　現代日本のデカダンスとリーダー待望論

ところで、最近の日本では、テレビの人気番組の傾向、流行のミュージックシーンの動向、大学の新設学部や受験生の趣向などに、旧いものを懐古したり、逆に新奇なものを好んだりする傾向が顕著に見られる[7]。たとえば、夜間一八時～二三時ぐらいのテレビ放送の比較的視聴率が高いゴールデン・タイムにおいて、いわゆるバラエティ番組やトーク番組のテーマを見ると、だいたい主として一九七〇年代から八〇年代にかけて流行した歌謡曲や話題になったドラマ、アニメーションの主題歌などを特集して、当時の人気歌手や俳優、その番組の製作者たちを招いて談笑するという企画が非常に多く見られる。また、街中のＣＤ店に入ると、特に一九七〇年代から八〇年代にかけて流行した歌手やアーティストのベストアルバムというものが所せましとならぶ一方で、同じような曲調の作品を歌う新人歌手たちがそれこそ毎月何人といういきおいでデビューアルバムを新規に発売している。さらに、現代日本の各大学は、異常なまでの少子化と進学率の低下という情勢悪化の影響を被りつつも、従来からある伝統的な経済学部、法学部、文学部、理工学部などの学部への人気が上昇する一方で、経営学部、国際学部、心理学部、福祉学部などの新しい学問分野の学部を旺盛に新設し続ける傾向にある。

もちろん、このような傾向のすべてが悪いことであるかのように捉えたくはない。往年の人気ドラマや人気歌手の作品を回顧することは、その当時の文化風土を勉強する大変重要な検証作業であるし、新しいものに興味を持つ傾向は、その中から現在や将来の時代を背負っていく重要な社会的要素を発掘するための創造的な作業につながっていくこともあろう。大学の伝統的な学部が見直されることは、それ自体、国民が学問というものへの興味と期待を膨らませている証拠であろうし、新しい学問分野を専攻する新設学部ができることも、それだけ未知の領域へ学問的な挑戦を遂行する気風が大きくなっている証拠であるとも考えられる。

しかし、この流れが一定の分別を超えると、いささか意味合いが変わってきてしまうのではないだろうか。一般に、旧いものを懐古したり、新しいものを好む大衆や庶民の風潮がある段階を越えて行過ぎた状態になると、デカダン主義的またはデカダンスの状況であると定義される。このようなデカダン主義やデカダンスというのは、普通は「退廃的になる、すたれる」などと訳されるが、この状況になると、もはや人々はなりふり構わず、いたずらに何が何でもとにかく懐かしく旧いものであれば良い、どんな内容であっても、とにかく新しく奇抜なものであれば何でも良いという群集心理を完成させてしまうのである。

そして、こうした群集の心理が、現実世界と精神世界との区別をあいまいにしたいという心情から発生するものであることは、おそらく確実な理由の一つであろう。すなわち、過去に起こった出来事や将来の出来事というものは、それが確かに実際に起こった事象であったり、どんなに確実にこれから起こりそうな事象であったとしても、少なくとも今、現在の現実世界には存在しないもの＝あくまでも精神世界の記憶や期待にすぎないものである。そのようなものに思いをはせるというのは、やはり現実逃避＝厳しくかつ自分の力では統制できない現実から逃げて、優しくかつ自分の力で統制することが可能な精神世界へ逃げてしまうという精神活動の一種であると考えられる。

たとえば、人間が過去を懐かしむという行動を取るのは、現在の厳しい情勢の中で戦う疲労した自己の心身を癒したいという衝動にかられる場合であるとか、あるいは現在の状況とは異なる精神状態になりたい場合であることが多いようである。まったく同様のことが、新奇なものを好む趣向についてもいえる。現状を何かの力や出来事によって打破したい場合にも、人間はその新しく登場したものに無意識に、しかも無分別に期待する心情を持ってしまうようである。これらのことが相乗効果を生み、いたずらに過去を懐かしみ、新奇なものに過剰な期待をするばかりで、何ら現実に立ち向かう勇気を持たない人間心理を作り上げてしまうわけである。

(2) 日本人の宗教的パーソナリティとリアリズム的思考のススメ

また、このような群集心理の確立は、日本国民のいわば「宗教的パーソナリティ」とでも呼ぶべき精神的特性の側面を助長してしまう結果を招きかねない。ここで、宗教的パーソナリティというのは、精神世界の論理と現実世界の論理との区別をあいまいにしたいと願う心理活動の結果、人々があらゆる現実的かつ社会的な活動の中で、必ず唯一にして絶対にして最高の存在意義を持つ何かを探したり、あるいはそれを無理矢理にでも設定することで精神的な充足感や安堵感を覚えるようになるという人格や性格のことを意味している。たとえば、周知のように、わが日本は世界でも有数のボランティア大国であるが、なぜボランティア活動への従事に人気があるのかというと、それがほとんどすべての人々から感謝され、尊敬される活動に他ならないからである。同じ社会活動であっても、たとえば会社で働く労働作業は、競争相手や敵がいて、自分の成功や利益はそれらの他人の失敗や不利益となる。どんなに立派な人格者でも、そうした活動では、すべての人々から尊敬されることはできないのである。

もちろん、ボランティア活動というもの自体は、それはそれで多くの人間が見習うべき素晴らしい活動であることには疑いの余地はない。筆者自身もボランティア活動に少なからず携わる人間の一人として、その活動に携わる人々が有する意識やそうした活動の成果に対する感謝の気持ちには、人間の尊厳に関わる尊い心情があることは何にも増して強調しておきたい。しかし、そうした活動が、環境・人権・平和・女性（ジェンダー）など、誰からも文句のつけられない唯一にして絶対にして最高の存在意義を有する概念＝神様を敬い、いわゆる宗教的パーソナリティの発現の機会に転化してしまう危険性を有していることもまた、事実といわざるを得ない。換言すれば、現実世界における本職よりも、ＮＧＯ・ＮＰＯやボランティア活動に精を出すことにこそ生きがいや人間性を感ずるという国民の意識が蔓延してしまうわけである。

すなわち、昨今、世評を賑わせている強力な指導性を発揮できる卓越した技量を有するリーダーを待望する議論も、こうした視点から見れば、過去の偉大なリーダーに思いをはせるとともに、まだ見ぬいずれ登場してくれるであろうニューリーダー＝神様に期待するという感覚に他ならないのではないだろうか。雑誌記事で不用意に使用される「カリスマ」という言葉の乱用とともに、書店に所せましとならぶ心理学や経営学を中心としたリーダーシップ論の本や、政治学や歴史学を中心とする歴史上の人物研究の本は、そうした傾向の証拠であるとも考えられよう(8)。

そして、むしろそのような社会風潮であればこそ、リーダーシップ論の本家(?)たる政治学の分野において、経営体たる企業組織や市民運動のリーダーシップ論とは一線を画した政治的リーダーシップに関する議論が望まれていると考えることはできないであろうか？　換言すれば、経営者や市民運動家などとは異なり、政治活動というむしろその他のリーダーシップよりも遥かに特殊性の高い仕事＝政治的リーダーシップを職業とする人々が有するべき特定の要素＝政治家たるべき人間の資質や特性に関する議論が必要とされていると考えられるのである。

今やわれわれは、このような消極的な意識を超えて、現実世界の課題に現実的な手段を用いて対応していかなければならない状況へと追いこまれているわけである。その課題の一つが、いうまでもなく「国民が信頼するに足る資質と技量を有するリーダー」とはどのような人物であるのかといった問題に的確に回答できる研究成果の提示という作業に他ならない。現実の問題には、あくまでも現実的な手段を持って対応しなければならないわけである。

本書は、以上のような問題意識に基づいて、リーダーシップの政治学的分析を試みた研究成果である。

注

(1)　経営学や心理学の分野におけるリーダーシップ研究の動向については、Yukl, G. A., *Leadership in Organizations*, Prentice-Hall, 1981. Bartol, K. M. and D. C. Martin, *Management*, McGraw-Hill, 1994. Bovée, C. L., J. V. Thill, M. B. Wood and G. P. Dovel, *Management*, McGraw-Hill, 1993. Johnson, R. A., R. J. Morsen H. P. Knowles and B. O. Saxberg, *Systems and Society: An Introduction*, Goodyear Publishing, 1976. など。

また、そのサーベイについては、田尾雅夫『組織の心理学(新版)』(有斐閣ブックス、一九九九年)、石井貫太郎「リーダーシップの政治学——研究方法論的考察」目白大学編『人文学部紀要』第一〇号(二〇〇三年①)所収、同「リーダーシップの政治学・再考——政治家の条件について」目白大学編『人文学部紀要』第一一号(二〇〇三年②)所収、白樫三四郎『シーダーシップの心理学』(有斐閣選書、一九八五年)などに詳しい。

(2)　小説などの文学作品における偉人理論の研究として名高いものには、海音寺潮五郎氏の手による『武将列伝(一〜六)』(文春文庫、一九八五〜六年)、同『悪人列伝(一〜五)』(文春文庫、一九八一〜二年)、同『中国英傑伝(上・下)』(文春文庫、一九七八年)などの一連の著作がある。

(3)　たとえば、プラトン(藤沢令夫訳)『国家(全二巻)』(ワイド版岩波文庫、二〇〇二年)など。

(4)　この議論は、Stogdill, R. M., *Handbook of Leadership: A Survey of Theory and Research*, Free Press, 1974. による。

(5)　この議論は、O・ティード(土田哲訳)『リーダーシップ』(創元社、一九八七年)による。

(6)　山川勝巳『政治学概論(第二版)』(有斐閣ブックス、一九九四年)を参照。

(7) 石井貫太郎『現代社会を論ずるための30章』(芦書房、二〇〇三年)を参照。
(8) たとえば、石井貫太郎(編)『開発途上国の政治的リーダー』(ミネルヴァ書房、二〇〇三年)なども、そうした業績の一種である。

第一章　リーダーシップに関する先行研究の動向（その1）

——資質論——

ところで、リーダーシップに関する先行研究の成果は、これまで主として経営学や心理学の分野において数多く蓄積されてきたが、それらの研究成果が、概して、以下の三つのカテゴリーに分類できるということは通説になっている[1]。まず第一に、リーダーシップの資質論（trait approach）であり、これは別に偉人理論（great-man theory）とも呼ばれている。第二に、リーダーシップの行動論であり、これには類型論と状況論の二つの種類がある。

以下、順をおって概観してみよう（図表1・1参照）。

1　資質論的研究

リーダーシップの資質論というのは、リーダーシップを発揮する立場にある人物＝リーダーに必要な

図表1－1　リーダーシップ研究の種類

- 資質論……リーダーにふさわしい人間的資質を探求する
  （政治学・歴史学が中心）
- 行動論
  （経営学・心理学が中心）
  - 類型論……リーダーにふさわしい行動原理を探求する
  - 状況論……リーダーシップが成功する環境条件を探求する

（筆者作成）

人間的資質（trait）を論ずる研究である。たとえば、声の大きい人や同じことを繰り返し発言するような人などが、状況とは関係なくリーダーシップを発揮することがある。また、「責任・自信・やる気」の三要素仮説などは、啓蒙的な経営コンサルティングの書物でよく見られるものである。また、知識・教養、向上心、自制心、公私の区別なども、漠然とした議論でよく指摘される要素である。また、効果的なリーダーシップをとれるリーダーの主要な要件として、知能がすぐれている、自信がある、支配性が強い、社交性があって対人的技能にすぐれている、活動性が良くエネルギッシュである、多くの社会活動に参加する、学業成績が良い、責任感が強いなどという要素もよく挙げられている（**図表1－2**参照）。

特に、このような研究においては、過去の歴史において輩出した偉大な人物——皇帝、政治家、企業家などと、その背景としての時代状況を考察する人物研究の業績が多いため、別名で偉人理論とも呼ばれている。ここでは、有能なリーダーに共通に見られる特徴として、年上である、背が高い、容姿に優れているなどの身体的特徴や、高学歴、上位の出身階層のような社会的背景、知能指数やパーソナリティ、社交性や社会的技術の巧みさなどがリストアップされてきた。ただし、これまでの研究によって、これらの特性は有能なリーダーに一貫して見られるとは必ずしもいえず、また、リーダーがそれらの特性を備えていれば組織の成果が好ましい方向へ向かうともいえないことから、理論としての妥当性がうすいと考えられてきたことも否定できない。

たとえば、ファヨールは、経営管理に必要な能力として、肉体的資質(健康やたくましさ)、知的資質(学習能力や判断能力)、道徳的資質(責任感、気力、犠牲的精神)、一般教養、専門知識、経験などを指摘している(2)。

また、スタッグディルは、一九〇四年から一九四八年までの一二四件の調査をもとに、知性などの一般的能力とともに、業績、責任感、社会的態度、人気などをリーダーシップの要件として指摘している(3)。また、彼は、一九七四年に再度、一九四九年から一九七〇年までの一六三件の調査をおこない、以下のような

図表1-2　リーダーの資質と技術

資　質	技　術
状況適応能力がある	知的で知識が豊富である
社会環境への配慮がある	概念化する技術をもつ
野心と達成志向がある	創造的である
自己主張(assertive)ができる	外交的手腕がある
協調性がある	話し上手である
決断力がある	グループワークに熟達している
信頼性がある	組織化する能力が高い
権威(他人への影響力)がある	説得力がある
エネルギッシュで活動的である	社交的な技術を身につけている
持続力がある	
自信をもっている	
圧力に屈しない	
責任感がある	

Yuki(1981)を基に井原教授が訳出
井原(1999)242頁

資質と技術がリーダーシップの要件であると指摘している。それは、まず資質的要素として、状況適応能力、社会環境への配慮、野心と達成志向、自己主張、協調性、決断力、信頼性、他人への影響力としての権威、活動的、持続力、自信、反骨精神、責任感であり、次に、技術的要素として、知的で知識が豊富、概念化力、創造的、外交的手腕、話し上手、グループワークの熟練、組織化能力、説得力、社交的な技術などである。

また、ギゼリは、リーダーに必要なすべての特性を単に羅列的に論ずるのではなく、重要度にしたがって序列化するべきであるとして資質的要素を指摘している[4]。たとえば、認知能力(cognitive skill)や自己主張(self-assurance)などは、知性、監督能力、高い社会経済的地位への帰属などの多くのリーダーに共通する他の特性よりも重要であり、他人よりもすぐれた能力を誇示できることが自然に自己を優越的な立場に立たせるというのである。

ところで、ハウス&バエッツは、リーダーの個人的資質に注目したリーダーシップ理論を構築するための試みとして、いわゆるカリスマという概念をテーマとした研究を展開した[6]。一般に、カリスマ的リーダーとは、フォロワー(組織の構成員)に対して明確かつ具体的なヴィジョンを提示し、これを実現するためのやはり明確かつ具体的な計画を作成し、そこにおける集団の意義・目的・役割などを提示しつつ、その目標に到達するためには進んで自らが危険を犯すこと=自己犠牲をもいとわないリーダーのことである。ハウスたちによれば、カリスマとは、フォロワーの行動に対して大きな影響をおよぼすことのできる個人的資質を持ったリーダーのことであり、このようなカリスマ的リーダーは、自らの行動や姿勢に対する自信を持ち、明確な組織の達成目標を提示し、また、それに至る道程を具体的に提示する能力を有している。そこでは、フォロワーたちは、そのリーダーを神か超人のように崇め、ほとんど大きな異論を申し立てることなくしたがうことになる。また、カリスマ的リーダーは、自己犠牲をいとわず、時には自分自身が大きなリスクを背負い、既存の体制や秩序を超越した新しいヴィジョンを提示することができる改革者であることが多いが、同時に、そのヴィジョンの内容にはフォロワーに受け入れ易い具体性があり、現実的で実現可能性の高いものでなければならない。要するにリアリストである。

また、バーンズやティシー&ディバナは、いわゆるカリスマ的リーダーという概念とよく似た概念としての変革的(transformational)リーダーという概念を提示している[5]。それは、フォロワーとの相互依存的な関係を重視するとともに、彼らの協力を得るための努力をするだけでなく、より積極的にフォロワーの信念、ニーズ、価値などをリーダーが望む方向へ転換しようとするリーダーシップ活動であり、これは訓練によって修得できる技能ではなく、それをしたいと動機付けられるか、または、生まれつきそれができるような個人的資質によるリーダーシップ形態であるとしている。

また、クナート&ルイスは、リーダー自身の体験や社会的かつ対人的な環境をどのように自分の活動に有利な体制として組み立てていくのかという活動が上手であるか否かは、非常に個人的な能力差の大きい活動であり、これを安定したパーソナリティ構造によって成熟した形で遂行し続けることができる人間は、カリスマになれる要素を持っていると論じた[7]。

2　資質論的研究の問題点

ところで、こうしたリーダーシップのタイプは、人々が社会の現状に不満を持ち、改革の必要性を強く感じさせるような風潮の中で生まれてくるものであり、もともと非常に特殊な資質を持ったごく少数の人間によって可能となるリーダーシップである。換言すれば、このようなリーダーシップは当該リーダーに備わった特殊な才能や技量に依存するリーダーシップであり、したがって、誰でも訓練を積めば実現できるものではなく、それゆえ、一般性の乏しい議論である。

こうした点について、たとえば田尾雅夫教授は、リーダーシップに関する大方の合意事項として、それが特定の個人の能力や資質によるものではなく、対人的な関係の中で発揮され、場合によっては集団の機能そのものであるという考え方があると指摘している(8)。そして、リーダーシップの有効性は、以下の三つの要素によって制約されるとする。第一に、フォロワーであり、リーダーシップを受け入れる側の要素である。第二に、タスクであり、その求心性（どの程度メンバーの一致協力が得られるか）の要素である。第三に、基準や規範であり、その準拠の中でのみリーダーシップは発揮されるというのである。

そこで、リーダーシップは資質ではなく行動であると考えて議論するのが、以下に見るリーダーシップの行動論（類型論と状況論）である。

注

(1) 標準的な経営学のテキストとしては、斉藤毅憲『経営学の構図』(学文社、二〇〇三年)、車戸實(編)『経営管理の思想家たち』(早稲田大学出版部、一九八七年)、井原久光『テキスト経営学――現代社会と組織を考える』(ミネルヴァ書房、一九九九年)、奥村恵一『経営と社会』(同文館、一九八七年)、中村常次郎・高柳暁(編)『経営学(第三版)』(有斐閣、一九八七年)などがある。

(2) ファヨールの議論については、H・ファヨール(山本安次郎訳)『産業ならびに管理の一般原則』(ダイヤモンド社、一九八五年)、同(佐々木恒男編訳)『経営改革論』(文眞堂、一九八九年)などを参照。また、これに関連する議論として、C・アージリス(伊吹山太郎・中村実訳)『新訳・組織とパーソナリティ――組織と個人との葛藤』(日本能率協会、一九七〇年)、F・ハーズバーグ(北野利信訳)『仕事と人間』(東洋経済新報社、一九六八年)、D・マグレガー(高橋達男訳)『企業の人間的側面(新版)』(産業能率短期大学出版部、一九七〇年)などを参照せよ。

(3) この議論は、スタッグディル(一九七四)前掲書による。

(4) この議論は、Ghiselli, F. E., "The Varidity of Management Traits Related to Occupational Level," *Personnel Psychology*, 16, pp.109-113, 1963. による。

(5) この議論は、Burns, J. M., *Leadership*, Harper and Row, 1978. およびN・ティシー&M・A・ディバナ(小林薫訳)『状況変革型リーダー』(ダイヤモンド社、一九八八年)による。

(6) この議論は、House, R. J. and M. L. Baetz, "Leadership: Some Empirical Generations and New Research Directions,"

Organizational Behavior, No.1, 1979, pp.341-423. による。

(7) この議論は、Kuhnnert, K. W. and P. Lewis, "Transactional and Transformational Leadership: A Constructive/Development Analysis," *Academy of Management Review*, 12, pp.646-657, 1987. による。

(8) この議論は、田尾(一九九九)前掲書による。

第二章　リーダーシップに関する先行研究の動向(その2)
——類型行動論——

リーダーシップの行動論とは、リーダーシップの効果は当該リーダーの資質よりもその行動(behavior)のいかんによるものとして考える研究である。そのうち、類型論というのは、リーダーシップとは、資質論でいわれるような当該リーダーの個人的かつ人間的な要素によるというよりも、その人物の行動形態のいかんであるという認識から、リーダーが取るべきさまざまな行動の類型化を試みた研究である。このような研究においては、リーダーの行動がいくつかのカテゴリーに分類され、それが組織の構成員にどのような影響を与えるかが論じられている(**図表2‐1参照**)。

1　類型行動論的研究

まず、ベールズ&スレーターは、リーダーの役割を、課題領域の専門家と社会情緒領域の専門家とに

図表2-1　資質論から行動論へ

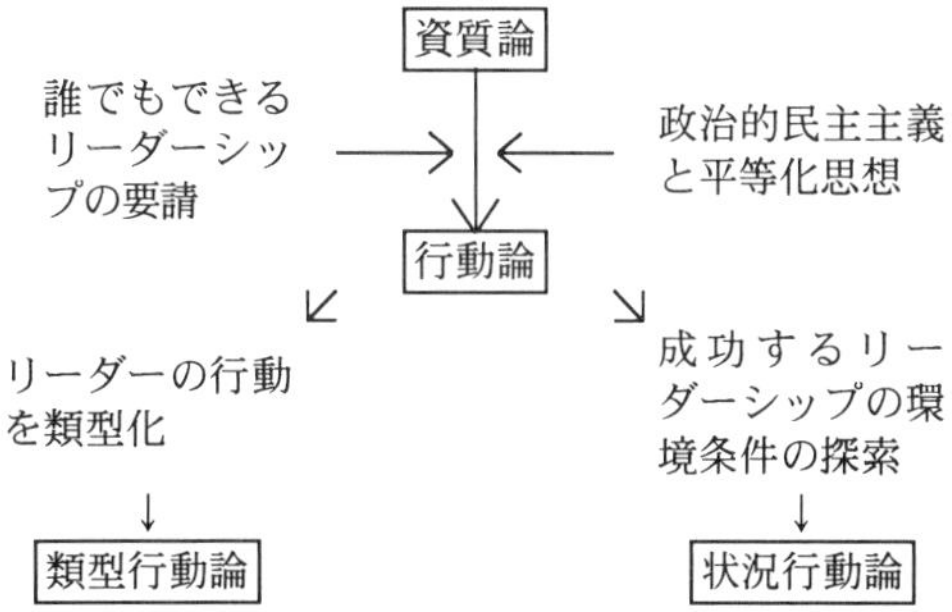

(筆者作成)

分けた[1]。そして、この二つの働きはそれぞれ別々の方向へ働く役割であるから、一人の人間が同時に果たすことは困難であり、時間の経過にともなって異なるメンバーによって分担されるようになると指摘している。ここでは、たとえば、やり手のボスとなだめ役の副官ように、最も有能な人と、組織の構成員から最も好意を持たれる人は別人になるのであり、ここに役割分化(role differentiation)が生ずるというのである。

ところで、リーダーシップの最も基本的な二元論である専制的=民主的の形態のうち、特に、参加的または民主的なリーダーシップを評価するのは主としてアメリカの行動科学者たちである。たとえば、ホワイト&リピットは、リーダーの行動様式とそれが生み出す集団の雰囲気と集団行動の成績の因果関係を確認するために、それぞれ実験的に民主主義的なリーダーと専制主義的なリーダーとを与えた二つの小集団の集団行動を観察した結果、集団の構成員たちが明確に民主的なリーダーシップを好むことを証明した[2]。

また、リッカートは、組織の形態を、そのリーダーが有する

図表2－2　リッカートの管理方式類型

	管理方式	部下に対して	動機づけ方法	相互作用	
システム1	独善的専制型	信頼は皆無	脅迫・懲罰	皆無	権威主義的
システム2	温情的専制型	見下した信頼	報酬と少しの懲罰	ほとんど無し	↓
システム3	相談型	ある程度の信頼	報酬中心	適度の相互作用	
システム4	集団参加型	完全な信頼	参加による報奨	広範な相互作用	集団参加型

リッカート(1964)を基に井原教授が訳出
井原(1999)243頁

権限の強弱によって、それぞれ独善的専制型、温情的専制型、相談型、集団参加型の四つに分類した(3)。そして、ここでのリーダーシップの形態は、それぞれ段階的に権威主義的なリーダーシップから集団参加的なリーダーシップへと対応することになり、前者は命令・服従と懲罰によって、後者は信頼・動機付けと報酬によって、それぞれ生産性の向上を目指すことになると論じている(**図表2－2**参照)。

ところで、バウア&シーショアは、こうした独裁的=民主的の二元論だけではリーダーシップ機能の全体を把握できないとして、オハイオ研究やミシガン研究の類似性や研究課題の探索を遂行しつつ、新たに四次元説を展開した(4)。そして、まず人間関係的な次元として、組織の構成員であるメンバーが個々の価値や目的を統合するような行動としての支持(support)、メンバー相互に緊密な関係を作り上げる行動としての相互作用促進(interaction facilitation)をあげるとともに、仕事中心的な次元として、全体の目標を達成するための行動としての目標達成強調(goal emphasis)、目標達成を促進するような計画の策定、資源の提供、情報の配分としての仕事促進(work facilitation)という四つの次元をあげている。

また、バークは、リーダーが遂行する仕事中心の役割と人間関係中心の役割

図表2－3　ブレーク＆ムートンのリーダーシップ・モデル

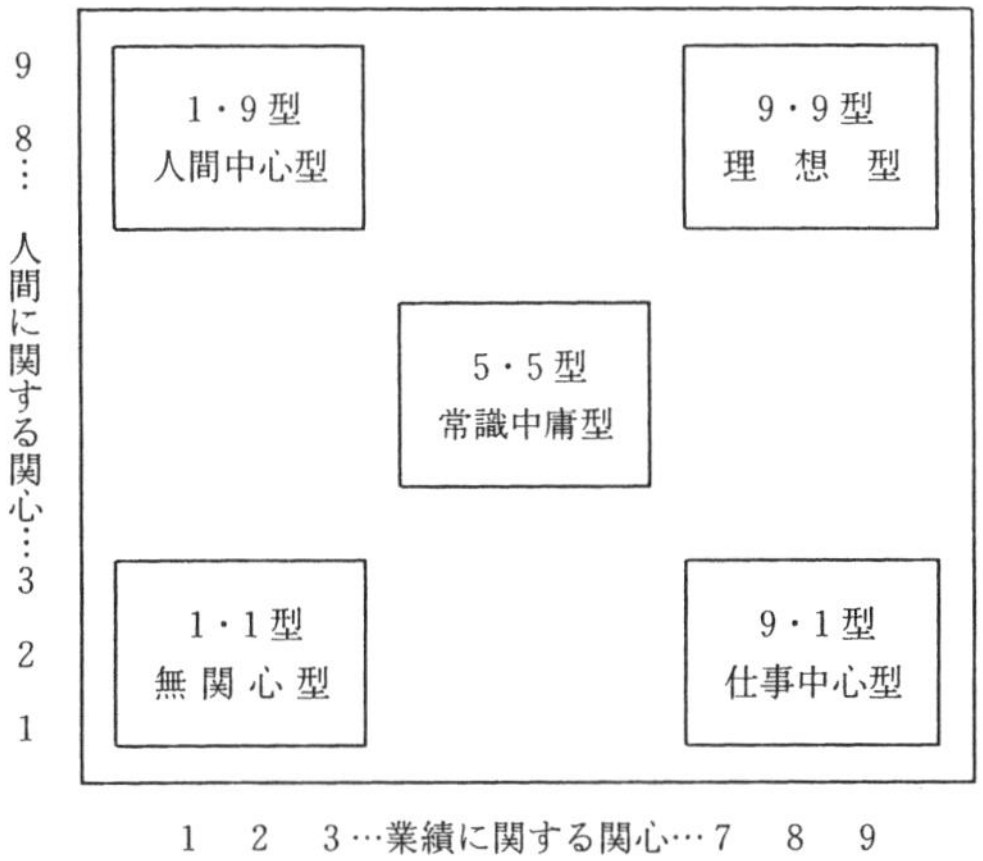

ブレーク＆ムートン（1979）を基に井原教授が加筆作成
井原（1999）244頁

とが一人のリーダー個人に統合されるかどうかは、次のような条件によるとしている[5]。すなわち、リーダーが他のメンバーからその地位についていることが正当であるとみなされている場合には役割分化はおこらず、メンバーの意向とは関係なくより上位の存在から指名されたリーダーや、ミスをして信頼を喪失しつつあるリーダーシップには補足的代替的なリーダーが生ずるというわけである。

さらに、レヴィンは、アイオワ大学で初等教育課程レベルの児童を対象とした実験をおこなった[6]。そこでは、まず、子供たちを三つのグループに分けた上で、それぞれのグループのリーダーシップ形態を専制型、民主型、自由放任型の三つに規定して作業をおこなわせた。そして、その結果、民主型リーダーが統括する集団の仕事の達成度が最も効果的であったと主張している。また、専制型リーダーが統括する集団では、他の集団よりもいわゆるイジメが多く見られたとの興

図表2－4　オハイオ州立大学のリーダー行動

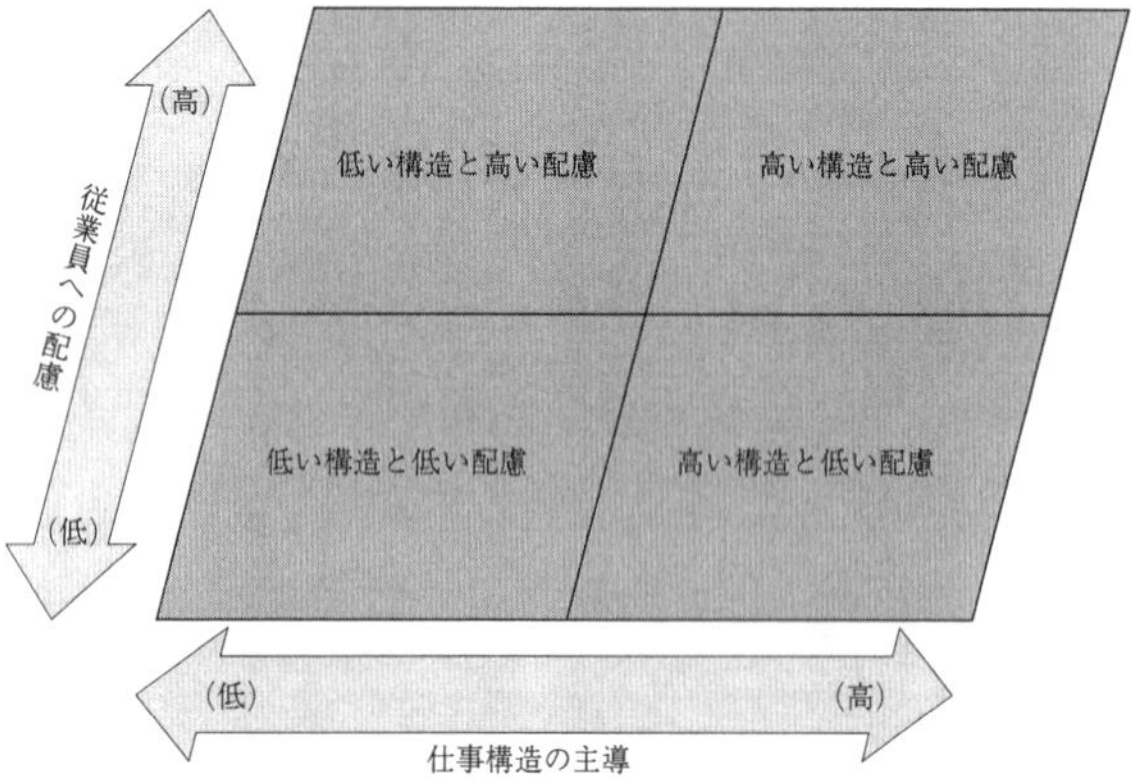

Bovée, et al.（1993）を基に奥村教授が訳出
奥村（1997）182頁

味深い報告もしている。

しかし、こうした行動類型論の中でもひときわ学術的に大きな影響を与えた学者は、何といってもブレーク&ムートンであろう(7)。彼らはまず、リーダー自身が重視する関心の領域によって、リーダーシップの類型化をおこなった。ここでは、業績を重視する関心と人間を重視する関心とを対比させるとともに、それぞれに関心から無関心までの九段階の度合いを設定し、これをマネジリアル・グリッド（managerial grid）と呼んだ。そして、こうしたそれぞれの関心の水準が交差するところにそれぞれのリーダーシップのタイプを当てはめて、理念的な類型化を試みたわけである。たとえば、業績にも人間にもほとんど関心のない1・1型、業績ばかりに関心があって人間志向性が欠如した9・1型、逆に、人間ばかりに関心があって業績に無頓着な1・9型、業績にも人間にも非常に高い関心のある9・9型、そして、業績にも人間にも適度に関心

のある5・5型などである(図表2-3参照)。

　こうした議論に関連して、わが松井玉夫教授は、現実の社会において放任型のリーダーが多い理由として、大部分の監督者が自分では厳格型が良いと考えながらも、自分の部下たちが放任型の方を好んでいると推量し、こうした部下への配慮から放任型リーダーの形態を採用する監督者が多くなると指摘している(8)。

　なお、わが三隅二不二教授は、リーダーシップの機能を目標達成志向(P: performance)と集団モラール志向(M: maintenance)に分け、この組み合わせによってPM型、Pm型、pM型、pm型の四つに分類する画期的な業績を提示している(9)。これらのモデルおいて、大文字は優勢なリーダーシップ次元を、小文字は劣勢なリーダーシップ次元をそれぞれ意味している。このような区分は、一九五〇年代のオハイオ研究(配慮:considerationと体制づくり:initiating structure)やミシガン研究(従業員志向:employee oriented と生産性志向 :production oriented)で使用された概念とほぼ同義であるといわれている。そして、リーダーシップとは、このように、集団の目標を円滑に達成することと集団の中の人間関係を良くすることの二つの和を同時に成し遂げることであると前提するわけである。さら

図表2-5　リーダーシップの三隅モデル

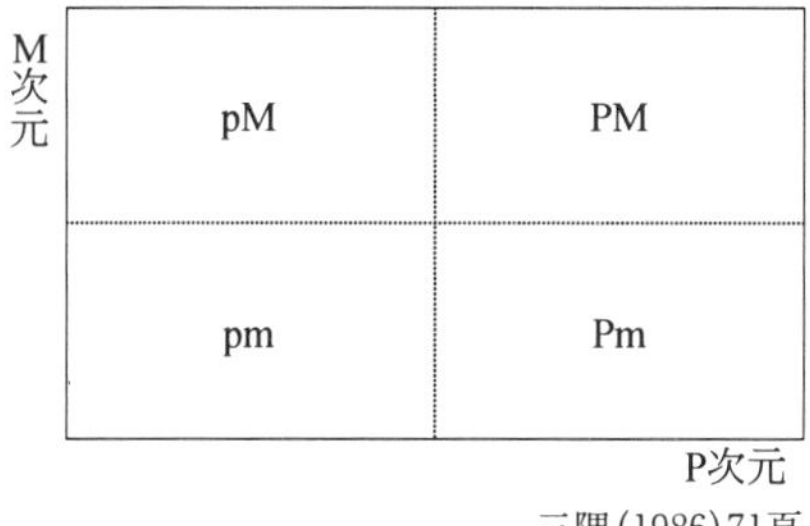

三隅(1986)71頁

に、実態調査に基づいて、どの類型が部下に高く評価されているかを調べたところ、公行政および民間の諸組織とも、ＰＭ、ｐＭ、Ｐｍ、ｐｍの順となったという。この結果、日本では、実力型よりも人情型のリーダーシップが好まれることが明らかとなった（図表２‐４および図表２‐５参照）。

２　類型行動論的研究の問題点

さて、以上のような議論によって、いずれにしてもリーダーたるべき者が、以下のような異なる二つの役割を果たすべき存在であることが確認されたと思われる。すなわち、リーダーは、一方では、自分とメンバーおよびメンバー同士の相互作用を重視しながらチームをまとめて目標達成へと導くリーダーシップを発揮するとともに、他方ではまた、集団を取り巻く環境の現在と将来の変化を的確に予見してそれに適できる創造的な自己変革を集団に生み出していくリーダーシップを発揮するという双方の機能を兼ね備えている必要性に他ならない。

しかし、こうした議論では、それぞれのリーダーシップのタイプが適用される組織や社会の性格や規模という視点が欠落していることは重要である。いうまでもなく、組織や社会は皆一様のものではなく、それぞれ別の性格を有している。また、ある特定の一つの組織や社会が時間の経過とともにその性格を変化させていくこともある。このような認識を土台として、リーダーシップをそれが適用される側の視点から考察したのが、以下に見るリーダーシップの状況論である。

注

(1) この議論は、Bales, R. F. and P. E. Slater, "Role Differentiation in Small Decision-Making Groups," in T. Parsons, et al. eds., *Family, Socialization and Interaction Process*, Free Press, 1955. による。

(2) この議論は、White, R. K. and R. Lippitt, *Autocracy and Democracy*, Harper and Row, 1960. による。

(3) この議論は、R・リッカート(三隅二不二訳)『経営の行動科学』(ダイヤモンド社、一九六四年)による。

(4) この議論は、Bower, D. and S. Seashore, "Predicting Organizational Effectiveness with A Four-Factor Theory of Leadership," *Administrative Science Quarterly*, 11, pp.238-263, 1966. による。

(5) この議論は、Burk, R. J., "Methods of Resolving Superior-Subordinate Conflict: The Constructive Use of Subordinate Differences and Disagreements," *Organizational Behavior and Human Performance*, 5, pp.393-411, 1970. による。

(6) この議論は、K・レヴィン(猪俣佐登留訳)『社会科学における場の理論』(誠信書房、一九七二年)による。

(7) この議論は、R・R・ブレーク&J・S・ムートン(田中敏夫・小宮山澄子訳)『新・期待される管理者像』(産業能率大学出版部、一九七九年)による。

(8) この議論は、松井玉夫『リーダーシップ』(ダイヤモンド社、一九八三年)による。

(9) この議論は、三隅二不二『リーダーシップ行動の科学(改訂版)』(有斐閣、一九八四年)による。

第三章　リーダーシップに関する先行研究の動向（その3）

――状況行動論――

リーダーシップの行動論の二つ目としては、状況論が挙げられる。これには、当該リーダーが採用する行動がどのような条件の下で効果的であり、いかなる条件の下で効果的でないかを論ずる研究であり、主として、当該リーダーが率いる組織の構成員のタイプによってリーダーシップの効果のいかんが論じられる研究が多い（**図表3・1**参照）。

1　状況行動論的研究

たとえば、ハンブリンは、リーダーシップをとる立場の人間は、そもそもその機能を必要とする社会的かつ人間的な状況＝環境の制約から逃れることはできないものであるとして、したがって、ある状況のもとで有効であったリーダーも、状況が変われば、そして、その機能が役に立たなくなれば自身のリー

図表3-1　状況的リーダーシップ論

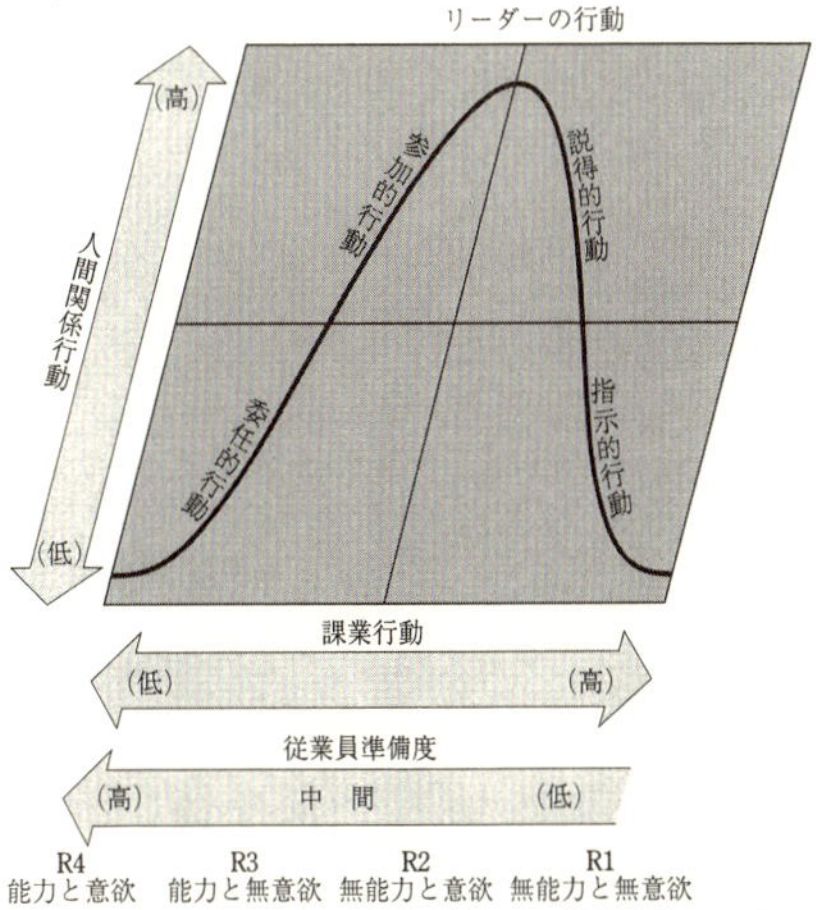

Bovée, et al.(1993)を基に奥村教授が訳出
奥村(1997)185頁

ダーとしての地位から失脚する運命にあると指摘している(1)。

また、カーたちは、リーダーシップの資質論に対して、リーダーシップは状況に依存的な社会活動の一種であり、ある状況と別の状況とでは、有効とされるリーダーシップの質が相違するという状況的または状況適合的(contingent)な社会活動であることを重視する議論を展開した(2)。

また、フィードラーは、リーダー自身が苦手な同僚に示す寛容さの程度をLPC(Least Prefered Coworker)という指数で計測し、それを好意的に評価するリーダー(高LPC)と、それを避けようとするリーダー(低LPC)とに分類した(状況適合モデル)(3)。ここで、前者は人間関係の維持に重点を置いており、後者は業績達成に重点を置いているリーダーシップのタイプということになる。そして、このような独立変数と、集団との関係(集団のリーダー支持度)、課題構造(課題の明確

図表3－2　フィードラーのリーダーシップ・モデル

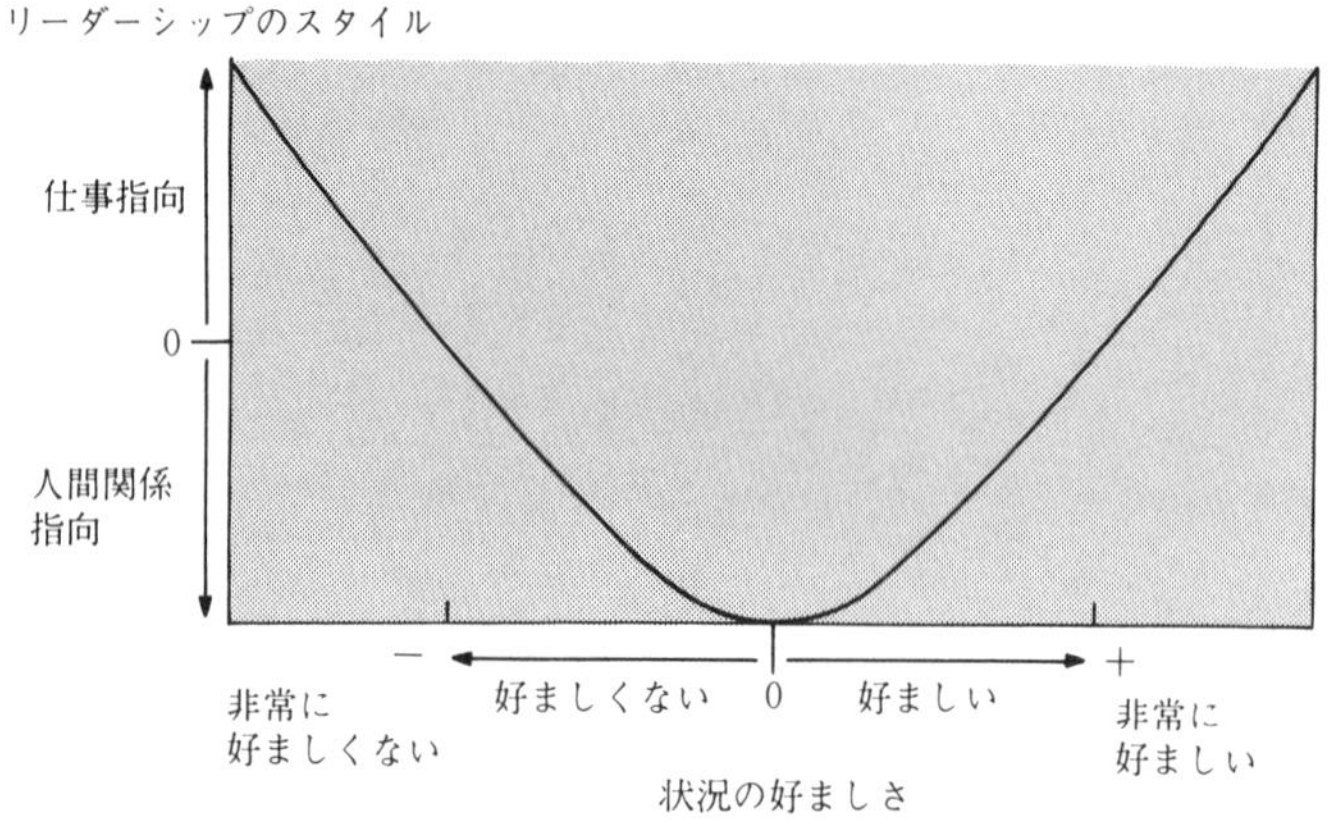

Fiedler（1967）を基に田尾教授が訳出
田尾（1999）174頁

度）、地位力（権限の付与度）という従属変数とを掛け合わせると、リーダーのパワーが弱くて構造化のすすんでいない仕事でフォロワーとの関係がうまくいっている場合には高ＬＰＣリーダーが、リーダーのパワーが弱くて仕事がルーティン的でフォロワーとの関係がうまくいっていない場合には低ＬＰＣリーダーが効果的であるという結果が得られることになった。ここで、地位力とは、リーダーがついている地位が他のメンバーに充分な支配力を持ったものであるかどうかであり、課題構造とは、仕事がルーティン的なものであるかどうかであり、集団との関係とは、リーダーと他のメンバーが互いに信頼関係にあるかどうかを意味している。特に、ＬＰＣ得点の低い仕事中心のリーダーは、集団を完全に統制しているか、またはまったくしていない状況で効果的であり、逆に、ＬＰＣ得点の高い人間関係中心のリーダーは、どちらともいえないような状況において効果的であると指摘されている。そして、この関係は、リーダーシップの有効性は状況との適合的な関係に依存し、リーダーにとって都合が良く、活動しやすく、好ましい状況では人間関係に関心を向け、都合の良くない状況下では仕事に関心を向けるということを意味している。なお、こうしたモデルの提示を受けて、グラエンたちは、フィードラーのモデルを理論的な妥当性の側面から検討し、個々の概念の不明確さやＬＰＣの尺度としての信頼性に関する批判を展開している(**図表3‐2参照**)[4]。

次に、ハウスやハウス&ミッチェル、ハウス&デスラーは、リーダーがどのようにフォロワーを動機付け、満足させているかに着目し、そこではリーダーがフォロワーに対して目標の達成に至る道筋を明確にする(path clarification)必要があると論じて、有名なパス・ゴール・モデルを提示した[5]。フォロワーにとって自分が目標に向けて努力するか否かは、その目標が達成可能であることと同時に、その達成によって好ましい成果が獲得できそうな見とおしが存在しなければならず、それを提示するのがリーダーの役割であるというわけである。ここではまず、リーダーシップを、フォロワーの意向に関係なく規則や行動を押し付けてくる指示的タイプ(directive)、フォロワーの意向に配慮しつつ、彼らに快適な状況を作り出そうとする支持的タイプ(supportive)、フォロワーに相談しながら何事も決定する参加的タイプ(participative)、フォロワーの能力を信頼し、それに期待しながら、より一層の目標の達成に向けて活動する達成指向的タイプ(achievement-oriented)の四つに分類した上で、こうしたリーダーシップ要因に状況要因を掛け合わせて成果を検討し、これらのタイプがどのような状況に適合性があるかが論じられている。いうまでもなく、ここで重要な点は、当該パス・ゴールが果たしてフォロワーに受け入れられるか

図表3－3　ハウスのパス・ゴール・モデル

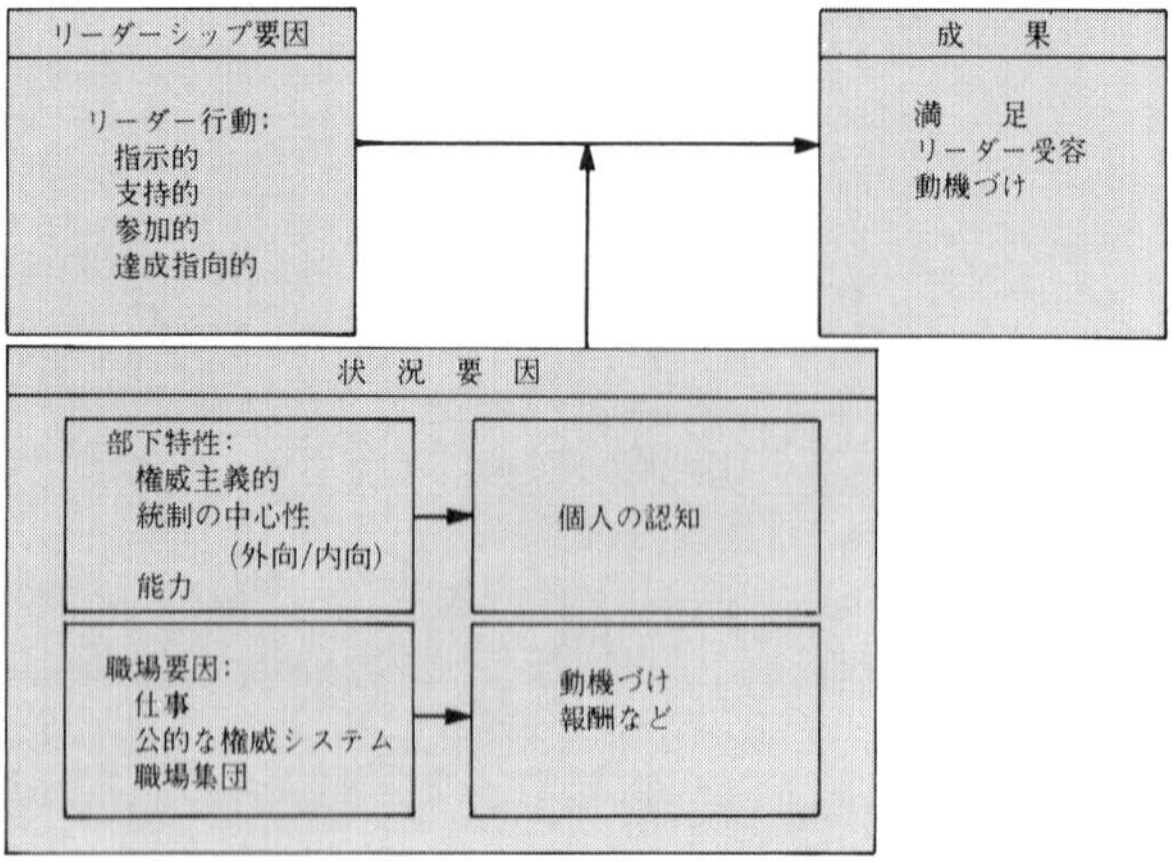

House（1979）を基に田尾教授が訳出
田尾（1999）177頁

否かということになる。たとえば、フォロワーがタスクに自ら強く関与しつつも、しかもそのタスクの意味が曖昧で不明確な場合には、フォロワーの特性に関係なく、参加的リーダーシップがよく受け入れられるという。また、逆に、フォロワーが自らタスクに関与することが少なく、しかもそのタスクの構造が明確であると、自立心の強いフォロワーは参加的リーダーシップを受け入れるが、その逆のフォロワーは参加的リーダーシップを嫌悪するという結果が得られている（図表3－3参照）。なお、こうしたモデルの提示を受けて、エバンスやシジラジィ＆シムズは、ハウスたちのパス・ゴール・モデルは、まだ検討されるべきところもあるが、大枠においてフィードラーのモデルなどよりも理論的な完成度が高く、どのような種類のリーダーシップがいかなる種類の状況下でなぜ適合的であるのかを、より適切に説明していると高く評価している(6)。

また、ブルーム&イェットンおよびブルーム&ヤーゴは、リーダーシップのスタイルを管理者の意思決定モデルに結び付けた議論を展開した[7]。そして、そうした意思決定活動のための十分な情報があるか否か、決定を部下が受け入れることが容易であるか否か、そのような目標を部下と共有しているか否かなどの要因の組み合わせによって、いかなる課題状況でどのようなリーダーシップのスタイルが望ましいのか、その適合性をそれぞれ一二個の問題状況別にモデル化している(いわゆる規範的な意思決定モデル)。それによると、部下の合意や情報の共有が充実している状況ほど参加的なリーダーシップが適合的であり、また、その逆になればなるほど専制的なスタイルが適合的であるという仮設が導出されることになった。

しかし、やはり状況的行動論の分野において、最も大きな影響を及ぼした研究はハーシー&ブランチヤードのそれであろう[8]。彼らは、リーダーシップのタイプはそれを受け入れるフォロワーの成熟度のいかんによって変化するものであると考え、いわゆるSL理論(Sitiational Leadership Theory)を提示した。すなわち、フォロワーの成熟度が低い組織では仕事第一主義や業績主義のリーダーシップが望ましく、その成熟度が高まっていくにつれて、仕事以外の人間関係中心のリーダーシップが望まれるようになるというわけである。そして、最終的に成熟したフォロワーたちばかりの組織では、彼らにすべてを委託することすら可能となり、ここに、リーダーシップは消滅するというわけである。ハーシーたちによれば、メンバーの成熟度は、達成可能な目標の設定能力、自己責任の意欲、教育と経験、自信と自立性の四つの要素に基づいて、それぞれ各自の仕事の種類ごとに測定されることになる。また、リーダーシップは、業績志向型行動と人間関係志向型行動の比重の度合いに基づいて分類され、それぞれのフォロワーの成熟度に応じ、以下のように適切なリーダーシップのタイプが論じられることになるのである。すなわち、フォロワーの成熟度が最も低い段階(M1)では指示的リーダーシップが、次に、フォロワーの成熟度が向上している段階(M2)では説得的リーダーシップが、また、フォロワーの成熟度がある程度高まっている段階(M3)では参加的リーダーシップが、そして、フォロワーの成熟度が最も高い段階(M4)では委任的リーダーシップが、それぞれ該当するというわけである(**図表3・4**参照)。

最後に、カー&ジャーマイヤーは、リーダーシップとは必ずしもリーダーだけが果たすべき社会的な役割とはいい切れず、現代社会における科学技術の高度化によって、あたかも計器が仕事の手順を指示するかのように、組織の制度や構造、メンバーの個性などがそれに代替するという大胆な仮設を展開した(代替性モデル)[9]。そこでは、フォロワーの特性や仕事の特性、組織の特性などが、仕事中心や人間関係中心のいずれのリー

図表3－4　ハーシー&ブランチャードのリーダーシップ・モデル

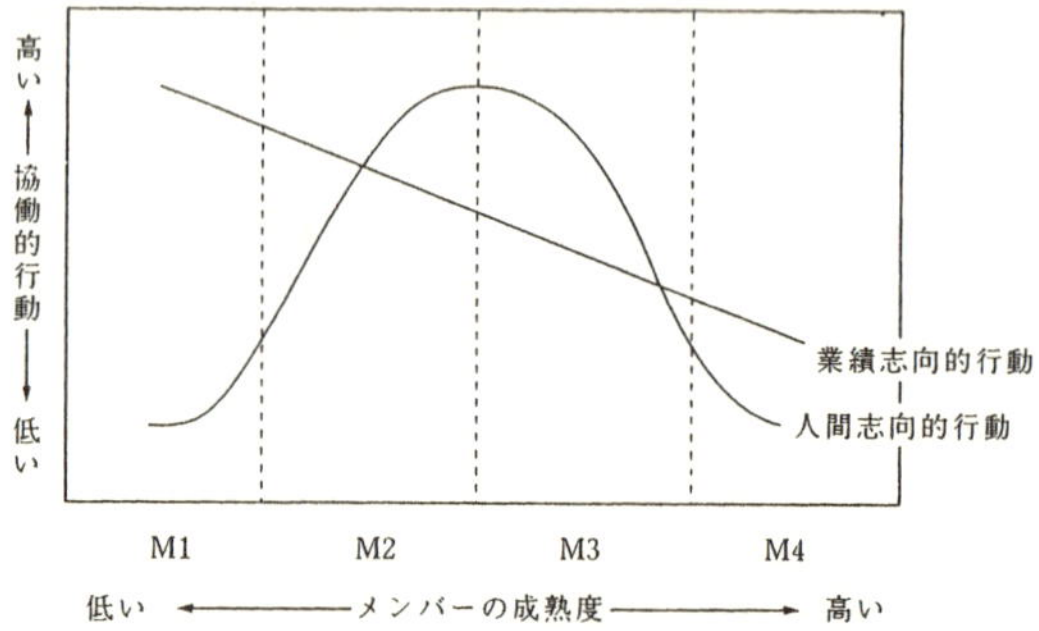

Yuki(1981)を基に井原教授が訳出
井原(1999)246頁

図表3-5　カー＆ジャーマイヤーのリーダーシップ・モデル

〔フォロワー特性〕		〔リーダーシップへの影響〕
1) 経験や能力	⟶	中心のリーダーの代理
2) プロフェッション志向	⟶	仕事および人間関係中心のリーダーの代理
3) 報酬への無関心	⟶	リーダーシップの効果を減衰
〔タスク特性〕		
1) 構造化されたルーティン作業	⟶	仕事中心のリーダーの代理
2) フィードバック	⟶	仕事中心のリーダーの代理
3) 内発的に満足できる作業	⟶	人間関係中心のリーダーの代理
〔組織の特性〕		
1) 凝集的な職場集団	⟶	仕事および人間関係中心のリーダーの代理
2) 低いリーダーの地位パワー	⟶	リーダーシップの効果を減衰
3) 公式化	⟶	仕事中心のリーダーの代理
4) フォロワーから離れたリーダー	⟶	リーダーシップの効果を減衰

Kerr & Jermier（1978）を基に田尾教授が訳出
田尾（1999）178頁

ダーシップも徐々に減退させることが指摘されている。たとえば、もしもフォロワーたちに経験や能力が十分にあり、専門家志向があり、報酬への無関心といった特性がある場合には、その特性自体がリーダーシップの代理を果たすであろうというわけである。また、タスクが構造化されたルーティン作業であったり、適度なフィードバックが行なわれていたり、その仕事自体がフォロワーたちにとって自己満足できるような内容である場合にも、やはりそれ自体がリーダーシップの代理となる可能性もあろう。さらに、組織の性格として、凝集的な職場集団やリーダーの地位パワーが低かったり、公式化が制度的に完成していたり、リーダーがフォロワーから離れているような組織である場合にも、やはりそれらの制度的枠組み自体がリーダーシップの代理や減退を招くであろうということになる(図表3‐5参照)。

2　状況行動論的研究の問題点

ところで、以上のように資質論から行動論(類型論と状況論)へと進んできたリーダーシップに関する先行研究には、その研究動向の意義として、いわゆる行動科学的なアプローチが可能な要素、または数量化が可能な要素を対象とする研究方法こそが科学的な業績であり、それが困難かつ不可能な対象領域を重視する動向から進化したものであるという認識が前提されていると考えられる。そして、こうした認識の傾向は、いわゆる二〇世紀における経済学、経営学、心理学などの学問分野に共通の傾向といえる。

しかし、いうまでもなくリーダーシップという人間の活動には、多分に数量化が困難かつ不可能な要素が含まれており、しかも、そうした要素がリーダーシップの本質や中核を形成している場合も少なくない。このように、リーダーのパーソナリティと、彼もしくは彼女が発揮するリーダーシップとの間には、従来考えられていたよりも強く一貫した関係があると考える必要もあるのではないだろうか。したがって、そこには歴史学や政治学において重視されてきた資質論的な特性要素に関する科学的な検討が必要とされていると考えられるのである。

そこで、次章では、こうした先行研究の成果を踏まえた上で、いわゆる資質論の傾向をより強く有する政治学的または歴史学的な先行研究を概観したのち、より分析的なリーダーシップの政治学理論を構築するための作業を遂行してみよう。

注

（１）　この議論は、Hamblin, R. J., Leadership and Crisis, *Sociometry*, 21, pp.322-335, 1958. による。

（２）　この議論は、Kerr, S., C. A. Schriesheim, C. J. Murphy and R. M. Stogdill, “Toward A Contigency Theory of Leadership based upon the Consideration and Initiating Structure Literature,” *Organizational Behavior and Human Performance,* 12, pp.62-82, 1974. による。

（３）　この議論は、Fiedler, F. E., *A Theory of Leadership Effectiveness*, McGraw-Hill, 1967. による。

（４）　この議論は、Graen, G., K. Alvares, J. B. Orris and J. A. Martella, “Contigency Model of Leadership Effectiveness: Antecedent and Evidential Results,” *Psychological Bulletin*, 74, pp.285-296, 1970. およびGraen, G., J. B. Orris and K. Alvares, “Contigency Model of Leadership Effectiveness: Some Experimental Results,” *Journal of Applied Psychology,* 55, pp.196-201, 1971. による。

（５）　この議論は、House, R. J., “A Path-Goal Theory of Leadership Effectiveness,” *Administrative Science Quarterly*, 16, pp.321-338, 1971. およびHouse, R. J. and G. Dessler, “The Path-Goal Theory of Leadership: Some Post Hoc and A Priori

Tests," in J. G. Hunt and L. L. Larson, eds., *Contigency Approach to Leadership*, Southern Illinois University Press, 1974. による。

(6) この議論は、Evans, M. G., "Extentions of A Path-Goal Theory of Motivation," *Journal of Applied Psychology*, 59, pp.172-178, 1974. およびSzylagyi, A. D. and H. P. Sims Jr., "An Exploration of the Path-Goal Theory of Leadership in a Health Care Environment," *Academy of Management Journal*, 17, pp.622-634, 1974. による。

(7) この議論は、Vroom, V. H. and P. W. Yetton, *Leadership and Decision-Making*, University of Pittsburg Press, 1973. およびVroom, V. H. and A. G. Jago, *The New Leadership: Managing Participation in Organizations*, Prentice-Hall, 1988. による。

(8) この議論は、P・H・ハーシー&K・H・ブランチャード（山本成二・水野基・成田攻訳）『行動科学の展開――人的資源の活用』（日本生産性本部、一九七八年）による。また、ハーシー＝ブランチャード・モデルのその後の修正については、P・ハーシー（山本成二訳）『状況対応型リーダーシップ』（日本生産性本部、一九八五年）を参照せよ。

(9) この議論は、Kerr, S. and J. M. Jermier, "Substitutes for Leadership: The Meaning and Measurement," *Organizational Behavior and Human Performance*, 22, pp.375-403, 1978. による。

第四章　リーダーシップの政治学（その1）
——概念規定と方法論——

さて、前章までにおいて概観してきた従来型のリーダーシップ論は、それを政治学的な考察対象とした場合に、すでに論じたような重要な問題点を有していた。本章では、こうした知見を踏まえた上で、いわゆるリーダーシップの政治学的な分析枠組の構築を試行してみよう。

1　政治学におけるリーダーシップに関する先行研究

ところで、政治学におけるリーダーシップ研究は、古代や中世の時代など、非常に古くから存在している(1)。たとえば、古代のプラトンは、国家指導者の基本要件として、愛国者であること、物事の理解力において優れていること、記憶力が良いこと、勇気と度胸があること、度量が大きいこと、几帳面な性格であること、身体の強靭性などをあげている。次に、中世のマキアヴェッリは、絶望的なまでの厳しい自己のフォルトゥ（宿命）に対して大いなるヴィルトゥ（勇気・気力・技量など）をもって勇敢に対応できる人物が君主たるべきリーダーとしてふさわしいと説いた。そして、近代のヴェーバーは、心情倫理ならぬ結果倫理に基づく政治的リーダーに求められる資質として、情熱、責任感の強さ、洞察力（予測力）が必要であると説いている。さらに、その同じヴェーバーは、支配の諸類型になぞらえたリーダーシップの形態として、合法的リーダー、伝統的リーダー、カリスマ的リーダーの三つを暗示している。そして、現代のラズウェルは、リーダーの性格を、扇動家的で自己中心性の強い劇化型と、物事に固執する官僚的な強迫観念型、無感動な割りきりを特徴とする冷徹型の三つに分けている。

（1）政治的リーダーシップに関する先行研究

こうした研究動向の中にあって、ダール＆リンドブロムは、リーダーとノンリーダーとの関係を、第一に、ノンリーダーがリーダーの行動に対して統制力を持っており、その選任権さえ行使する民主的なタイプ（ポリアーキー）と、第二に、リーダーがノンリーダーに対して統制力を持っている官僚制のようなタイプ（階序制＝ハイアラーキー）とに区別した[2]。

次に、スタインブルナーは、行動様式を方向付ける思考の様式に着目して、所与の規則や条文の枠内でしか行動できない融通のきかぬ条規型リーダー、行動の振幅が大きいためにフィードバック情報に敏感で、一旦約束したことを反故にする横暴さを持つノンコミットメント型リーダー、何らかの体系化された原理や理念に固執するため、変化する現実よりも理論からの演繹を重視する理論型リーダーとに分類した[3]。

また、ガルブレイスは、権力を、威嚇権力、報償権力、条件付け権力の三つに分類し、かつての封建社会から現代に至るまでの国家の政治的な統治力は、いずれもこうした三つの権力を組み合わせたものによって構成されてきたと論じた[4]。

(2) 日本における政治的リーダーシップの研究

このほかにも、現代のわが国において、たとえば大隈重信、伊藤博文、原敬など、明治期日本の七人の政治家たちの技量を独自の観点から比較分析した岡義武教授や、オリバー・クロムウェル、ウィリアム・ロードなど、近代イギリスに輩出した政治家たちの歴史上の役割を比較考察した塚田富治教授、大英帝国の近代史におけるロイド・ジョージの政治家としての足跡を論じた高橋直樹教授の労作など、比較的広く読まれたいわゆる偉人理論としての業績も存在している。また、山川勝巳教授は、閉鎖型・開放型と慎重型・果断型のクロスセクションを用いて、四つのリーダー形態を考案した[5]。

注目すべき研究として、田尾雅夫教授は、政治的リーダーシップとよく似た概念であるアントレプルナーシップ(起業家または起業家精神)の必須要素を論じる議論を展開している[6]。そこでは、まず天性の属性としての個人差(年齢、性別、出生順位、家庭環境)、次に二次的属性としての個人差(出身社会階層、教育環境)、気質や性格の個人差(身体的心理的タフネス、外向性、統制の中心性、場の依存性)、態度の個人差(リスクテイク〈大胆思考〉、頑固さ〈執着性〉、自己効力感、意欲、達成動機付け)などを挙げている。また、心理学の理論でいう信念を構成する四つの要素（制御体験＝努力によって成功したという成功体験、代理体験＝自分と同じような人が努力によって成功したという事実による擬似成功体験、社会的説得＝他人から誉められたり期待されたりすることによって得られる自信、生理的感情的高揚感＝これらの心情をより一層強靭にする条件）が重要であると指摘している。そして、若すぎず、年寄りすぎず、どちらかといえば、本人にとっても両親にとっても最初の跡取り息子として紆余曲折を経た育成経験を積んだ男性の長子で、職業的社会化がすすんでいて親族の中に起業家を輩出した経験があるような家庭環境であり、上層でも下層でもない境界線の社会階層の出身で、ある程度の高学歴で、身体的心理的にもタフネスで、人的ネットワーク作りに前向きな外向性の強さがあり、成功や失敗などの結果を自分の努力の如何に求める統制の中心性があり、その場の状況にまどわされない場自立的であり、不屈・頑固さ・執着心に支えられた使命感があり、成功へ向けて自己が企画した行動計画を遂行する自己効力感があり、欲求の対象としての目標が明確であり、その目標を達成しようという達成動機付けの強い人格がアントレプルナーになるのに好都合な条件であると結論している。ただし、ニッチ（すきま）の業界においては、むしろ女性が活躍しているという。このあたりは、特定の利益を追究する政策関係において、わが国でも女性議員が活躍するのと同じであろう。

（3）リーダーシップに関する政治学的な先行研究の特徴

また、注目すべき議論として、こうした政治学を中心とした諸業績においては、リーダーにふさわしい人物の資質だけでなく、逆にリーダーにふさわしくない人物の資質が論じられる傾向があるという点である。すなわち、情緒主義者、虚無主義者、諦観主義者、自然主義者などがそれである。

こうした点について、たとえばマホネイたちやナッシュは、現実社会においてリーダーになっている人や、またはそうであるべきとされている人＝いわゆる将の器の人々と、そうでない人とは明確に区別することができるとして、リーダーとフォロワーとの関係は単なる状況ではなく個人的な属性が大きく、このような経験的事実に則してリーダーシップ研究における個人特性の再評価をするべきであると強く訴えている(7)。そして、ここでは、政治的民主主義の価値観が誰にでもなれるリーダー、誰でもできるリーダーシップという仮設に固執させる傾向を生んできたが、現実にはリーダーとは誰でもがなれるものではなく、そのことを議論する必要があると説いている。

さて、以上のような検討から察するに、こうした政治学的な研究に共通の傾向としては、それがいわゆる資質論に重点を置いていることが挙げられる。この点は、経営学や心理学などの分野において、資質論よりも行動論の展開に比重の重きが置かれてきたのと対照的である。そして、このような政治学的な研究動向の特徴は、資質論と行動論の統合という研究方法論上の命題を具現化していると考えられる。すなわち、企業組織をはじめとする民間の社会組織のリーダーシップと国家のような公的な社会組織のリーダーシップを比較した場合に、後者は前者よりもその権力体系が制度的に公式なものであるがゆえに、当該リーダーの人間的な資質や特性が政策のいかんに反映される傾向が高いと考えられるのである。

また、リーダーシップ一般として考えた場合にも、それぞれの状況に応じて自己のリーダーシップのスタイルを柔軟に変更できるリーダーこそが現実的なリーダーであり、また、仕事志向と人間関係志向の役割の重心を自在に変えられるリーダーこそが真の状況適合的なリーダーであると考えるのが妥当であり、そして、こうした柔軟さは個人差＝個人的資質の差によって規定されるところが大きいであろう。したがって、リーダーシップ論、特に政治的リーダーシップ論は、あくまでも資質論的な議論をその中心に据える必要があると考えられるのである。以上のような認識を土台として、以下にリーダーシップに関する政治学的な分析枠組の構築を試行してみよう。

2　政治的リーダーシップとその他のリーダーシップ

さて、リーダーシップに関する政治学的な分析枠組の構築にあたって改めて指摘しておく必要があることは、それが分析の対象とするリーダーシップが国家の指導者としてのリーダーシップであり、したがって、それが権力＝強制力をともなう公式のものであるという点である。換言すれば、それは経営体である企業やその他一般の組織体とは異なり、当該国民に対して現実に生起し、かつ実行し得る生殺与奪の権限を有するリーダーシップであるということである。こうした点に関連することとして、いわゆる政治的リーダーと他分野のリーダーとの根本的な相違点を以下にまとめておこう。

(1) 政治的リーダーの目的

まず、他分野のリーダーが組織や体制の維持をその主たる目的としたリーダーであるのに対して、政治的リーダーは、その体制自体の変革や、体制内における諸価値(諸利益)をいつ誰にどれだけどのような方法で配分するかという決定(政治的決定)に関する最終的な権力を握っているという点である。こうした点について、たとえばフェルドマンは、政治的リーダーには他の分野のリーダーには見られない独特の目的として、体制の維持だけでなく、その変革と、資源の権威的配分という二つの機能があると指摘している(8)。

(2) 政治的リーダーシップの手法

次に、政治的リーダーは、体面型リーダーシップと遠隔型リーダーシップの二種類の手法を活用するという点である。体面型リーダーシップとは、一人一人のフォロワーと個別に面接したり、小人数で相談したりするようなリーダーシップであり、遠隔型リーダーシップとは、不特定多数の大衆を相手にメディアを利用してリーダーシップを発揮するような場合の手法である。やはり、同じフェルドマンは、政治的リーダーは多くの大衆や国民を相手にするリーダーシップを発揮する必要があるため、これら二種類のうちで特に遠隔型リーダーシップの手法を活用する機会が多いと指摘している(9)。

(3) 政治的リーダーのインセンティブ

さらに、政治的リーダーがリーダー＝政治家になりたいと欲する契機＝インセンティブであるが、これは、ラスウェルをはじめとする多くの研究成果によって指摘されているように、一般に、自己の劣等感を克服するために政治家になるといわれている。こうした点について、たとえばジラーたちは、いわゆる縦軸に自尊心(どれだけ自分に自信があるのかという指標)をとり、また、横軸には社会的な複雑性(どれだけさまざまな社会的付き合いができるかどうかという指標)をとりつつ、政治家にふさわしい資質とはなにかという議論を展開した[10]。そして、それぞれ自尊心が高く社会的な複雑性も大きいタイプ(非政治的人間)、自尊心は高いが社会的な複雑性は小さいタイプ(イデオローグ的人間)、自尊心は低いが社会的な複雑性は大きいタイプ(現実主義的人間)、自尊心も低く社会的な複雑性も小さいタイプ(不確実的人間)の四つのパーソナリティを設置し、このうちで、いわゆるイデオローグ型(理論派)と現実主義型(行動派)の人間が最も自分が政治家になりたいというインセンティブをもっており、また、政治家になってからもある程度は成功するタイプであると論じている。

注

(1) これらの議論は、プラトン(二〇〇二)前掲書、N・マキアヴェッリ(河島英昭訳)『君主論』(岩波書店、一九九八年）、M・ヴェーバー（脇圭平訳）『職業としての政治』（岩波文庫、一九一九年）、M・ヴェーバー（世良晃志郎訳）『支配の社会学（全二巻）』（創文社、一九二一年）、H・D・ラズウェル（永井陽之助訳）『権力と人間』（創元社、一九四八年）による。

（2）この議論は、R・ダール＆C・E・リンドブロム（磯部浩一訳）『政治・経済・厚生』（東洋経済新報社、一九五三年）による。

（3）この議論は、Steinbrunner, J. D., *The Cybernetic Theory of Decisiom*, Princeton University Press, 1974. による。

（4）この議論は、J・K・ガルブレイス（山本七平訳）『権力の解剖』（日本経済新聞社、一九八四年）による。

（5）これらの議論に該当する文献として、岡義武『近代日本の政治家』（岩波現代文庫、二〇〇一年）、塚田富治『近代イギリス政治家列伝――彼らは我らの同時代人』（みすず書房、二〇〇一）、高橋直樹『政治学と歴史解釈――ロイド・ジョージの政治的リーダーシップ』（東京大学出版会、一九八五年）、山川勝巳『政策とリーダーシップ』（関西大学出版部、一九九三年）。また、比較的最近の政治学的業績としては、岡澤憲芙『政党政治とリーダーシップ』（敬文堂、一九八六年）および山内昌之『政治家とリーダーシップ――ポピュリズムを越えて』（岩波書店、二〇〇一年）などを参照せよ。

（6）この議論は、田尾雅夫『成功の技法』（中公新書、二〇〇三年）による。

（7）この議論は、Mahoney, T. A., T. H. Jerdee and A.N.Nash, "Predicting Managerial Effectiveness," *Personnel Psychology*, 13, pp.147-163, 1960. およびNash, A. N., "Development of An SVIB Key for Selecting Managers," *Journal of Applied Psychology*, 50, pp.250-254, 1966. による。

（8）この議論は、O・フェルドマン「政治的リーダーシップ――政治的誘因と行動」河田潤一・荒木義修共編『ハンドブック政治心理学』（北樹出版、二〇〇三年）所収による。

(9)　この議論は、フェルドマン（二〇〇三）前掲論文による。

(10)　この議論は、Ziller, R. C., W. F. Stone, R. M. Jackson and N. J. Terbovic, “Self-Other Orientation and Political Behavior, in M. G. Hermann,” *A Psychological Examination of Political Leaders*, Free Press, 1977.による。

第五章　リーダーシップの政治学（その2）
――静態論と動態論――

さて、以上のような議論の成果を踏まえた上で、以下に試論として、リーダーシップの政治学的な分析枠組を設定してみよう。最初に、政治的リーダーシップのタイプを設定した後、静態論と動態論の順に論じていこう。

1　政治的リーダーシップの静態論と動態論

（1）政治的リーダーシップのタイプ

まず、リーダーシップのタイプについてであるが、これは、一般に「政治家類型」の議論として展開されている。たとえば、ラスウェルの三類型（扇動家タイプ・官僚タイプ・理論家タイプ）や、バーバーによる四類型（立法家タイプ・宣伝家タイプ・傍観者タイプ・渋々型タイプ）などをはじめとするさまざまな先行研究の成果があるが、ここではそれらの成果を参考にしつつ、以下のような新しいモデルを設定してみよう（図表5－1参照）(1)。

創造的リーダーシップ

第一に、創造的リーダーシップであり、これは当該国家の指導者として非常に意欲的に活動し、かつ強力な指導性と強制性を持ちつつ独裁的なリーダーシップを発揮するリーダーのタイプである。一般に、権威主義的リーダーやカリスマ的リーダーと呼ばれるものの多くは、このカテゴリーに分類されるであろう。そして、この創造的リーダーシップを発揮するリーダーこそ、最も政治的リーダーに多いタイプであり、そこでは、当該リーダーが有する個人的資質という要素が、行動的要素や状況的要素よりも重要な意義を持つことになるであろう。

管理的リーダーシップ

第二に、管理的リーダーシップであり、これは国家指導者としての意欲的な活動というのは前者と同じであるが、指導性や強制性の度合いはいくらか柔軟となり、より下位の意思決定については多分に民主的な過程を取り入れながら、同時に、人事などの重要事項や組織戦略面の最終的な決定についてはむしろ絶対的な権力を行使して活動する

図表5－1　政治的リーダーシップの３つの形態

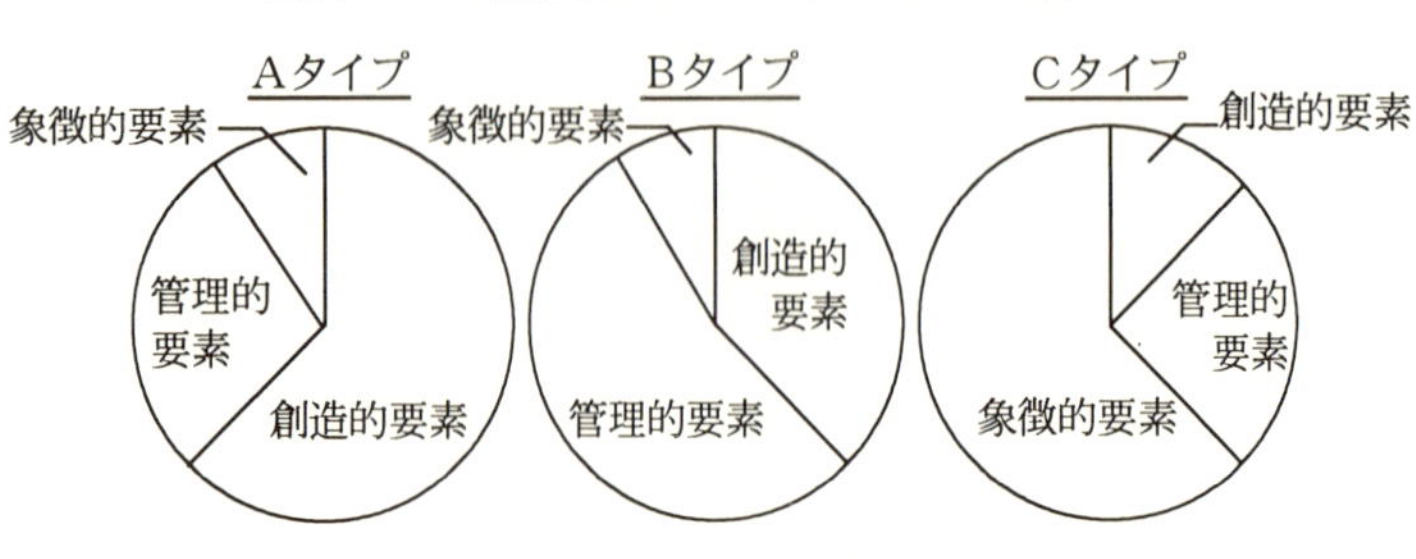

（筆者作成）

リーダーのタイプである。一般に、企業の社長・会長や大学の学長・理事長、病院の院長・理事長など、民間組織で最もよく見られるタイプのリーダーシップである。そして、この管理的リーダーシップは、政治的リーダーよりもキャリアなどの行政的リーダーに多いタイプであり、ここでは、当該リーダーの個人的資質という要素よりも、行動的要素や状況的要素が比較的重要な意義を持つことになるであろう。

象徴的リーダーシップ

第三に、象徴的リーダーシップであり、これは当該国家の実務的な指導者というよりもむしろ対外的なシンボルや広告塔としての役割に重きが置かれているタイプであり、国家戦略や国家統治の実際的な仕事よりも、国民統合の精神的かつ文化的な役割を果たすリーダーのタイプである。わが国の天皇制やイギリスの王制、また議院内閣制を有する各国における大統領などは、こうしたタイプのリーダーとしての役割を果たしていると考えられる。そして、この象徴的リーダーシップにおいては、当該リーダーの個人的資質の中で、特に血統や門閥などの第一次的な要素が重要な意義を持つことになるであろう。

(2)　政治的リーダーシップの静態論

さて、以上のような三つの政治的リーダーシップのタイプは、どのような静態論的な意義を持っているのであろうか。まず、創造的リーダーシップは、当該国家の政治経済システムを抜本的に改革したり、またはまったく新しいシステムを導入したり、あるいは外交路線を大きく転換したりするような場合に活躍するであろう。次に、管理的リーダーシップは、創造的リーダーシップが果たす役割のように派手ではないが、実直で堅実な国家体制の整備を遂行していくような場合に活躍するであろう。最後に、象徴的リーダーシップは、これらの創造的リーダーシップや管理的リーダーシップが遂行している作業の過程において、国家体制の持続的な存在意義――換言すれば、当該国家の国民にとっての精神的な拠り所としての役割を果たすと考えられる。具体的な政策は他の二つのリーダーシップが遂行しているが、象徴的なリーダーシップを体現する存在がいてくれるために、国民は国家体制の持続性に対する精神的な安堵感を保つことができるわけである。

ところで、これら三つのリーダーシップのうちでどのリーダーシップが主なる役割を果たすかは、多分に当該国家の対内的および対外的な諸要因――たとえば国家の政治経済的な発展段階や国際関係における位置付けなどに依存するものであると考えられる。したがって、政治的リーダーシップをより厳密に論ずるためには、こうした静態論的な議論だけでなく、リーダーシップそのものを一つの連続した過程としてとらえ、いわばリーダーシップを時系列的に考察するための動態論的なフレームワークの必要性があると思われる。そこで次に、政治的リーダーシップの動態論を試行してみよう。

(3) 政治的リーダーシップの動態論

まず、ここで使用される概念の整備作業として、リーダーシップの舞台となる国家についてであるが、これには時間的に当該国家の歴史的な発展段階という視点と、空間的に当該国家の国際関係における位置づけという視点がある。最初に前者であるが、ここでは国家の発展段階として、黎明期、離陸期、発展期、安定期、成熟期、衰退期、再生期という七つの段階を設定しておこう。こうした諸段階は、同時にいずれも当該国家の国民の政治社会的な成熟度（民度）を表していると考えられる。次に後者であるが、ここでは国際政治理論におけるウォーラースティンの「世界システム論」にならい、当該国家が国際社会において大きな力を有する中心国である場合、中心国を目指して力を蓄えている準周辺国である場合、さらには、中心国や準周辺国に上がりきれない周辺国である場合の三つを考えてみよう（**図表５－２参照**）[2]。

黎明期～離陸期――周辺国～準周辺国の時代

以上のような諸概念の整備を土台として論理を組み立てていくと、まず、当該国家の発展段階が黎明期や離陸期にあり、同時に、国際関係における位置付けが周辺国である場合、そこでは国民を強力な指導性や強制性をもって主導していく創造的リーダーシップが必要となるであろう。また、当該国家の発展段階が発展

図表５－２　国家の発展段階と政治的リーダーシップ形態の相互関係

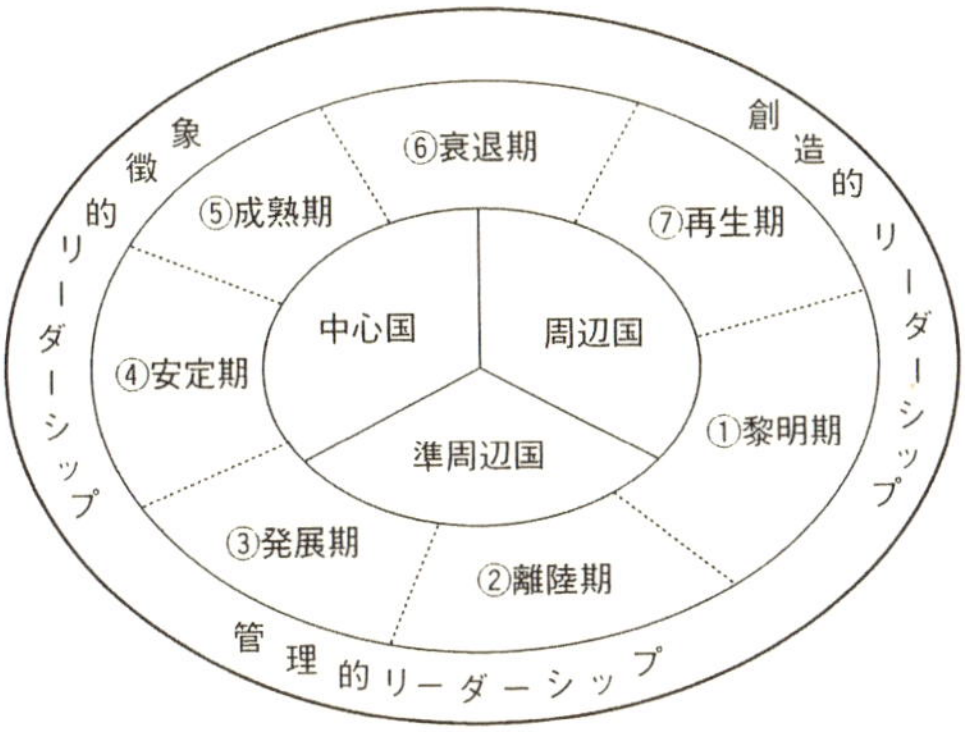

石井（2003）167頁

期や安定期に入り、同時に、国際関係における位置付けが準周辺国から中心国へと上がっていくにつれ、そこでは創造性よりも実務的でルーティン化された行政能力を有する管理的リーダーシップが望まれるようになるであろう。

安定期〜成熟期——準周辺国〜中心国の時代

さらに、当該国家の発展段階が安定期から成熟期に入り、国際関係における位置付けが中心国のカテゴリーに入ると、そこでは政策を通じた物量的な価値意識に基づいた創造的または管理的なリーダーシップよりも、むしろ精神的・文化的な国民統合のシンボルとしての象徴的リーダーシップが望まれるようになるであろう。しかし、当該国家が衰退期に入り、さらには再生期を迎え、国際関係における位置付けが中心国から準周辺国・周辺国へ没落していく兆候が出始めると、再び創造的なリーダーシップの時代が到来するというわけである。

(4)　政治学的なリーダーシップ研究の特徴

ところで、こうした政治学的なリーダーシップ論で取り扱われる諸概念においては、他の分野において取り扱われる概念よりも人間の資質に関する要素が多いことは重要である。このことは、上記の議論の中でも、時代の転換や変革を読み取る洞察力や国民を説得する弁舌やヴィジョン構築の創造性、人目を引き付ける象徴としての人柄や外見などの部分で指摘されている。すなわち、政治的リーダーや政治的リーダーシップのいかんを問う議論においては、リーダーシップの行動面を重視する他分野とは異なり、むしろリーダーシップを取る立場にある当該リーダーの人間的資質が重視される必要があるということを意味していると考えられる。

同時に、政治的リーダーシップの分析には、空間的かつ時系列的に考察する視点も必要である。すなわち、いかなるリーダーシップがふさわしいが、あるいは成功するかどうかは、環境的な要因であるそれぞれの時代の動向を見極めるための構造的主義的な視点とともに、当該リーダーとそれを支える、または、それを受け継ぐリーダーとの連動関係を分析する視座=動態論的な視点が不可欠である。確かに、たとえば、トルコのケマル・パシャとイスメット・イノニュ、フランスのド・ゴールとポンピドゥー、中国の毛沢東と周恩来、インドのガンディーとネルー、シンガポールのリー・クァンユーとゴー・チョクトンなどは、いずれも変革者・創造者としての初代リーダーと、その業績を継承する比較的地味で実務的な慎重派の二代目リーダーが一つの一貫した時代の流れを通じてそれぞれに期待される役割を果たしたがゆえに、国家体制の基礎作りやその立て直しに成功したリーダーシップの事例ではある。

ただし、これらの事例は、同時代に変革者・創造者としての初代リーダーを支援したいわばサポーターとしての二代目リーダーという存在意義を考慮すれば、どちらかといえば静態型に分類されるべき事例であると考えられる。むしろ動態型のより典型的な事例としては、たとえば、戦後アメリカ大統領の政治的リーダーシップの変遷過程やソ連社会主義一〇〇年間の政治的リーダーシップの変遷過程、あるいはド・ゴールとミッテラン、ケネディとニクソン、チャーチルとサッチャーなどの少し時代の離れたリーダーシップを比較したり、インドネシア政治におけるスカルノ体制とスハルト体制のリーダーシップの比較であるとか、マレーシア政治におけるラーマン政権とマハティール政権のリーダーシップの比較など、より時間的に大きな範囲の題材の方が適応妥当性があるといえる。

いずれにしても、政治的リーダーシップの考察のためには、こうした空間的かつ時系列的な分析＝動態分析の必要性があると思われる。

2　政治的リーダーシップに関する仮説の提示

さて、それではここで、以上のような議論をまとめる意味で、事例研究を遂行するための仮説（IF＝THEN）を導出してみよう。

仮定条件1　政治的リーダーと行政官僚の規定

政治的リーダーシップの担い手としての政治家は、キャリア官僚などに代表される専門的な行政者（テクノクラート）たちが既成の当該国家の制度的な枠組内でいかに合理的に政策を遂行するかという思考・行動を選択する傾向を有するのとは異なり、当該国家の現状を維持するにとどまらず、その現状をより良いものとするために、当該国家の枠組自体の変革や、ひいては世界システム全体の改革をも含むマクロ的および超マクロ的な視野から、時間的および空間的にその政治的な努力を遂行する政治的動物であると仮定する。

仮定条件2　リーダーシップの形態と外生要因および内生要因との因果関係

政治的リーダーシップの担い手である政治家がどのようなリーダーシップの形態(タイプ)を選択するか、または、どのようなリーダーシップの形態を具現する政治家がリーダーとなるかは、その政治家が活動する舞台である当該国家の国際関係における位置付けやその国家自体の発展段階(外生要因)、または当該国家の政治社会情勢(内生要因)のいかんによって決定されるものであり、そうした情勢下において、政治的に何が最も社会や国民から必要とされていのるかという基準によって規定されるものであると仮定する。

〈仮説1　政治的リーダーシップの形態と外生要因〉

上記の仮定条件により、政治的リーダーシップには、概して、創造的リーダーシップ、管理的リーダーシップ、象徴的リーダーシップの三つの種類が考えられ、これらはそれぞれ、当該国家の国際関係における位置付け、発展段階の程度、政治社会の需要などによって、その形態の選択や規定がなされるであろう。そして、こうした諸要因を具現する概念として、当該国家がいわゆる周辺国か、準周辺国か、中心国かという判定の基準が設定できるであろう。すなわち、当該国家が周辺国から準周辺国、そして中心国へとその発展が実現されていく過程に即応して、各々のリーダーシップの形態が規定されることとなるであろう。

〈仮説2　政治的リーダーシップの形態と内生要因〉

上記の仮定条件により、こうした政治的リーダーシップの三つの種類は、当該国家の基盤がある程度整備された後(中心国となって以後)においても、それぞれの順番ごとに中核的なリーダーシップの特性として発揮されることになるであろう。すなわち、A型（創造的リーダーシップの側面を中核とし、他の側面は補足的な機能として発揮されるタイプ）、B型（管理的リーダーシップの側面を中核とし、他の側面は補足的な機能として発揮されるタイプ）、C型（象徴的リーダーシップの側面を中核とし、他の側面は補足的な機能として発揮されるタイプ）の三つのリーダーシップ特性が、それぞれの時代におけるリーダーシップの特徴として継承されていくであろう。そして、これもまた、当該国家が、その政治的機能の側面において必要とする需要動向がそれぞれのリーダーシップのタイプに該当するという事情から生ずる現象であると考えられるであろう（図表5・1参照）。

〈仮説3　政治的リーダーシップ形態の重複と並立〉

上記の仮定条件により、当該国家の存亡がかかっているような重大な情勢下においては、あるいはまた、それぞれの発展段階の過渡期においては、当該リーダーが単数であると複数であるとを問わず、各々のリーダーシップ形態が重複する場合もあるであろう。換言すれば、一人の政治的リーダーがその時々の情勢に応じてさまざまな形態のリーダーシップを使い分ける場合もあるが、同時に、それぞれ別個のリーダーたちがこれら三つのリーダーシップ形態を具現する存在として並立するような場合もあるであろう。そして、このことは、やはりそれぞれの国家の発展段階や政治社会の情勢が、それぞれの当該リーダーシップ形態が果たす機能を必要とする需要動向から生ずる現象と考えられるであろう。

〈仮説4　変革期または創成期の政治的リーダーにふさわしい資質〉

上記の仮定条件により、当該国家やそれを取り巻く環境としての国際関係全体が流動的な状況下にあって活躍する変革期の政治指導者＝上記のA型またはC＋A型の政治的リーダーは、その出自が上層でも下層でもない中途半端な階層であり、また、過去の経験から現在と将来における当該国家の状況をよく把握しつつ、自身と当該国家が取るべき的確な方策を洞察するとともに、従来の固定観念にとらわれることなく自己や当該国家の行動の選択肢を発想・設定し得る才能を有し、また、そのような歴史における自己の巨大な役割や運命(フォルトゥ)から逃げることなく、むしろ逆に挑戦すらしていくような精神的および肉体的な勇気・技量・強靭性(ヴィルトゥ)を有する人物であることがふさわしいと考えられるであろう。

〈仮説5　非変革期または終息期の政治的リーダーにふさわしい資質〉

上記の仮定条件により、変革期の時代を継承する充実記＝非変革期または変革の時代における動揺を収拾するための終息期の政治指導者＝上記のB型またはB＋C型の政治的リーダーは、どちらかといえば既存の国家の枠組や政治体制の中で、現状を変革することなくむしろ維持する統治者として活動する行政官僚としての要素を強く有する人物であり、変革期に活躍するリーダーと比べて派手さがなく地味ではあるが着実・堅実であり、どちらかといえば組織の中で出世するタイプのキャラクターを有する人物となるであろう。ただし、このような地味なタイプの人物ではあるが、その内面においては、やはり変革期のリーダーと同様の政治家としての精神的な資質(自己のフォルトゥに対してヴィルトゥをもって敢然と挑戦していく気質)を有している人物がふさわしいと考えられるであろう。

3　政治的リーダーに対する人物評価の視点

ところで、われわれが一般に、特定の政治的リーダーを良いリーダーであったのか悪いリーダーであったのかを判定する指標や視角としては、以下のような概略的な視座が考えられる。

まず、第一に、当該リーダーが遂行した政策や活動の対象であり、これには以下のような視点が考えられる。

① 全世界のためになるような政策や活動
② 当該国家や国民のためになるような政策や活動
③ 自分自身や特定の集団グループのためになるような政策や活動

たとえば、ノーベル平和賞を受賞したインドのマザー・テレサ女史は、歴史上数少ない①の意義を有する活動を生涯に渡って展開した稀有の人物であるが、逆に、イランのホメイニ師は、祖国イランの国家的基盤を作った英雄であると同時に、特に西洋世界からは歴史の必然的な流れ（いわゆる近代化）に逆行するかのような政策を断行した変人政治家としての扱いを受けてしまっている。

第二に、当該リーダーが遂行した政策の領域であり、これには、やはり以下のような政策や活動の三つの視点が想定されるであろう。

① 政治的領域（軍事を含む）における政策や活動
② 経済的領域における政策や活動

③　文化的社会的領域における政策や活動

たとえば、フランスのド・ゴール大統領は、祖国における政治的領域や文化的社会的領域における功績の華々しさに比べて、経済的領域においては特筆すべき成果を上げなかったが、逆に、インドネシアのスハルト大統領は、やはり祖国の経済発展に資する政策を次々と軌道に載せたが、その反面、同国の政治的民主化の芽を押しつぶしていく役割を果たした人物である。

第三に、当該リーダーの政策をより具体的に評価する方法であるが、これにも、以下のような政策や活動という三つの視点が想定されるであろう。

①　誰がどのような視点から見ても良い結果をもたらした政策や活動
②　誰がどのような視点から見ても悪い結果をもたらした政策や活動
③　後世に教訓として活用できるような反面教師としての意義を有する政策や活動

たとえば、ドイツ第三帝国のヒットラー総統が行なったユダヤ人虐殺は、いかなる視点をもってしても弁解の余地のない蛮行・悪行であるが、彼が第一次世界大戦において疲弊した祖国の国力を復活させた英雄的人物であることもまた事実であり、さらに、彼が権力の階段を昇っていく過程で残した足跡を検証することによって、そこに民主主義社会というものが衆愚政治に陥る危険性の重要な教訓が得られることになるであろう。

以下においては、上記のような概略的な指標や視角を一つの参考基準として設置し、それぞれの具体的な政治家たちの活動を取り上げつつ、政治的リーダーシップに関する事例研究を遂行してみよう。ただし、本書が一貫して政治的リアリズムのスタンスに立つ学術書である以上は、やはり結果として、当該国家やその国民にとって有益な政策や活動を遂行した人物こそが、もっとも良い評価に値する立派な人物であるという基本的な評価基準が存在していることは否定できない。かのマックス・ウェーバーも、職業としての政治家は、あくまでも結果倫理の世界で生きている動物であると規定しているからである。

注

(1)　この議論は、Barber, J. D., *The Lawmakers*, Yale University Press, 1965. による。また、同じ著者による最近の業績として、Barber, J. D., *Presidential Character*, Prentice Hall, 1985. などを参照せよ。

(2)　国際政治理論の世界システム論的な視座の内容とその学術的な位置づけについては、石井貫太郎『現代国際政治理論(増補改訂版)』(ミネルヴァ書房、二〇〇二年)および同『現代の政治理論』(ミネルヴァ書房、一九九八年)における議論を参照のこと。

第六章　政治的リーダーシップの事例研究

この章では、前章において提示された政治的リーダーシップの静態論的な理論モデルを検証するために、それぞれ、変革期＝創成期のリーダーシップを具現する事例としてのシャルル・ド・ゴール大統領(フランス)、非変革期＝終息期のリーダーシップを具現する事例としての鈴木貫太郎首相(日本)を取り上げて検討してみよう。また、動態論的な理論モデルを検証するために、それぞれ、戦後アメリカの歴代大統領たちのリーダーシップの変遷過程と、二〇世紀・ソ連の歴代政治指導者たちのリーダーシップの変遷過程について、それぞれ事例研究を展開してみよう。

1　静態論に関する事例研究

ド・ゴール(De Gaulle, Charles)(1)

生没　一八九〇—一九七〇年

在任期間　一九五八―一九六九年

フランス第五共和制大統領　A＋B＋C型リーダー

略歴と政治的業績

シャルル・ド・ゴール大統領は、士官学校を卒業して軍人となり、第一次世界大戦に従軍した後、軍上層部や政界要人に機械化構想＝機甲師団創設を提言して閑職にまわされ、やっとポール・レイノー内閣の陸軍次官として抜擢されて将軍（准将）となったが、それもつかの間、続く第二次世界大戦の初期に母国政府はドイツ軍に降伏してしまった。しかし、彼はそのような状況を尻目に、ロンドンで自由フランス亡命政権を設立し、祖国を戦勝国へと導いた。

その後、アルジェリア紛争を梃子に政界へ復帰し、フランス第五共和制初代大統領として、独仏和解、核開発、ＮＡＴＯ軍事機構からの脱退、中国承認などを推進し、冷戦時代における米ソに次ぐ第三勢力としてヨーロッパの自立、超大国に次ぐ中級国としてのフランスの独立という位置づけを確立するとともに、アメリカの覇権体制からの西ヨーロッパの独立、ソ連の覇権体制からの東ヨーロッパの独立、そして、植民地主義からの第三世界諸国の独立をスローガンとして、特定の一つの論理によって世界が牛耳られるような状況からの脱却、すなわち、ゴーリズム（ド・ゴール主義）と呼ばれる今日のフランス流政治哲学を具現する存在として君臨しつつ、二〇世紀最高の「政治の芸術家（スタンレー・ホフマン）」と称された人物である。一九六八年の五月危機（学生運動）と、それに続く六九年の議会制度・地方自治制度改革法案の国民投票で破れ、自ら政界を引退した。

政治的リーダーとしての評価

ド・ゴール大統領は、その八〇年間の人生のうち、およそ五〇年間は不遇の人であったといえる。軍人としての彼の人生は、まったく順風満帆どころではなく、むしろ冷遇されていた。この点で、同じ軍人であったわが鈴木貫太郎大将や東条英機大将、山本五十六元帥などの事情とは異なる。鈴木や東条は軍人として順調に階位をのぼっていくとともに、双方とも侍従長や陸軍大臣などの要職を経て首相にまで任命されているし、山本は陸軍次官を経て連合艦隊司令長官に任官している。そして、レイノー内閣に入閣することが、おそらくはド・ゴールのそれまでの人生において、はじめて自身の才能を正当に評価された出来事ではなかったかと思われる。しかし、そのような思いを重ねてやっと獲得できた地位も、祖国の敗戦によってすべては露と消えてしまったわけである。そして、こうした点から、彼が真面目さや頑固さを持ちつつも、その人間的な器量として、軍隊という官僚機構の中でいわゆる組織人として収まるような人物ではなかったことがうかがえる。その証拠に、彼が祖国の敗戦を機に自由フランス亡命政権の首班としての活動を開始してからは、逆に水を得た魚のようにその人生が開けていくのである。すなわち、ド・ゴールは、軍人としてはあまりにも政治的器量を有する人物であったわけである。

その後、彼の人生における二度目の祖国存亡がかけられた大事件ともいうべきアルジェリア紛争に際して、当初における現地派遣軍や母国政治家たちへの巧妙な懐柔政策、そして、この事件を梃子として実現した大統領権限の大幅な拡大を骨子とした第五共和制の理念など、随所にその徹底した政治的リアリズムの学識の深さと人脈の広さがうかがえる。そして、何よりもド・ゴールは、歴史における自身の役割を認識していた。それは、いうまでもなく、特定の一つの論理によってすべての人類が平準化されることに対する反発であり、各国固有の個性を尊重しつつ、ナショナルな基盤の上にはじめてインターナショナルな構成を実現する必要があるという政治哲学を体現する政治家としての役割であった。当初、彼のこうした政治哲学は、ヨーロッパという番犬の飼い主を自認するアメリカのジャーナリズムや、自身のお膝元であるヨーロッパでもEC(現EU)推進論者たちなどから国家主義的であると痛烈に批判されたが、われわれは現代の世界が、むしろド・ゴールの予想した通りに推移してきている事実を目の当たりにしているといえよう。

なお、彼に比較的不足していたのは、管理的リーダーとしての資質であろうが、これもその弟分であり第二代大統領となるポンピドゥーをはじめとする適任者に助力させ、世界史上においても稀有なA型、B型、C型のすべてのリーダーシップ形態を独りの政治家が使いこなすという奇跡的な統治を実現したといえるであろう。

鈴木貫太郎(Suzuki, Kantaro)(2)

生没　一八六八―一九四八年

在任期間　一九四五年四―八月

大日本帝国内閣総理大臣　B＋C型リーダー

略歴と政治的業績

鈴木貫太郎首相は、士官学校を卒業して帝国海軍軍人となり、侍従武官、のち侍従長として昭和天皇の近くにあるとともに、海軍大将、連合艦隊司令長官としての身をもって、いわば極東の憲兵と称されていく軍国日本の礎の一人として活躍した。明治維新以来、日清・日露の両戦争、第一次世界大戦を経て、国際連盟の常任理事国として世界の一等国となっていく大日本帝国の歴史と歩を一にしてその人生を歩んだ生粋の日本男児であった。いわゆる好戦主義の社会風潮が深化していく途上において、二・二六事件で青年将校の凶弾に倒れながらも一命をとりとめた。

その後、祖国が東洋最強の国家として西洋最強のアメリカと雌雄を決した太平洋戦争に敗北する際に、枢密院議長、内閣総理大臣として、昭和天皇とともに敗戦の最後の幕引きをおこなった政治家である。いわゆる老獪《ろうかい》と称される政治手腕をもって、古巣の海軍軍部や官僚を抱きこみつつ、特に陸軍軍部からの強硬な反対を巧妙にかわして終戦工作を展開し、軍人でありながら祖国に平和を回復した人物である。

政治的リーダーとしての評価

鈴木首相の人生は、ある意味では軍人としての順風満帆な人生として推移してきた。このあたりは、前出のド・ゴール大統領とは異なる。鈴木は、その基本的なキャラクターとして、軍隊という最高度に整備された組織の中で着実に出世街道を登っていける行政官僚タイプの資質を有していたと考えられる。その証拠に、彼は、大佐のまま据え置かれ、レイノー内閣への入閣に際し、軍の対面を気にした上司たちからやっと準将へと昇進させてもらったド・ゴールとは異なり、しっかりと自身の仕事をこなしつつ、海軍大将、連合艦隊司令長官の地位にまで到達している。

しかし、その人生の最後の局面において、祖国の敗戦という自らが予想だにしなかった非常事態に直面したことは、ド・ゴールと共有するショッキングな経験であった。鈴木は、その「老猾《ろうかい》」とまでいわれた卓越した政治手腕をもって、まず閣僚の人事政策に卓越した力量を発揮した。すなわち、自分の出身母体である海軍からは日米開戦に最後まで反対した終戦推進派の米内光政を海軍大臣に、外務大臣としてこれもやはりキャリアの中で最も終戦推進派として知られていた東郷茂徳を抜擢し、最も強硬な反対が予想される陸軍からは侍従長時代に知故のあった阿南惟幾大将を陸軍大臣として起用し、終戦工作のための布石とした。そして、本人はいたって真面目で堅実な人物を装いながら、海軍や官僚など、子飼いの勢力の地盤固め、陸軍や世論を刺激しない国体護持宣言など、一歩一歩の段階を経て、着実にその政治的役割を果たしたといえる。そして、広島、長崎における新型爆弾(原子爆弾)の被爆によって、陸軍や世論がたじろいだ好機を逃すことなく一気に終戦工作を展開した。

彼の首相としてのこうした一連の政治過程は、今日においてもなお、「外交は内政」という格言とともに、政治学や国際関係論の重要な研究対象となっている。そして、その際にも、自身の管理的リーダーとしてのキャラクターの限界を悟り、その象徴的リーダーシップを昭和天皇に発揮していただくことを通じて、祖国の平和を回復した。ここに、数多の軍人政治家たちが、軍人としての域を超えて政治家として脱皮することができないままに終わってしまったのに対して、鈴木は、見事に単なる軍人から政治家へと脱皮し、自身の歴史における役割を立派に果たしたといえるであろう。

2　動態論に関する事例研究

(1)　戦後・歴代アメリカ大統領たちのリーダーシップ(一九四〇年代～九〇年代)(3)
歴代大統領たちの政治的業績の概略

トルーマン(Truman, Harry S.)

生没　一八八四―一九七二年

在任期間　一九四五―一九五二年

第三三代大統領(民主党)　A型リーダー

第一次世界大戦に砲兵隊大尉として従軍した後、大恐慌時代から第二次世界大戦を通じてアメリカの強力な政治指導者として君臨したルーズベルトの死後、そのあとを継いで副大統領から昇格した。戦後のいわゆるトルーマン・ドクトリン、マーシャル・プラン、NATO創設、ベルリン危機などの歴史的な政策や事件に際してアメリカのリーダーとして活躍し、その後に永く続く冷戦体制の起源となった政治的役割を果たした人物である。

アイゼンハワー(Eisenhower, Dwight David)

生没　一八九〇―一九六九年

在任期間　一九五三―一九六一年

第三四代大統領(共和党)　B型リーダー

第二次世界大戦において連合国のヨーロッパ方面軍最高司令官として活躍し、その後、トルーマンのあとを受けて大統領となった。前政権の冷戦政策を継承しつつ、アメリカ社会における産軍官学複合体制を批判するとともに、覇権国としての祖国の地盤固めを遂行した人物である。

ケネディ(Kennedy, John Fitzgerald)

生没　一九一七―一九六三年

在任期間　一九六一―一九六三年

第三五代大統領(民主党)　C＋A型リーダー

第二次世界大戦に水雷艇艇長として従軍したのち、下院議員、上院議員を経て、アイゼンハワー政権のあとを継ぐ第三五代大統領となった。アイルランド系(カトリック教徒)移民の次男としてはじめて高位の政治家となり、アメリカにおけるいわゆるＷＡＳＰ神話を切り崩した。ニュー・フロンティア政策を標榜し、公民権法の制定、ベトナム戦争を開始し、宇宙開発政策などを推進したヒロイックな政治家であったが、リベラル政策の故に反感を買い、テキサス州ダラスで暗殺された。わずか二年ほどの在任期間でありながら、二〇世紀最大のアメリカ大統領として絶大な人気を誇る人物である。

ジョンソン(Johnson, Lyndon Baines)

生没　一九〇八―一九七三年

在任期間　一九六三―一九六九年

第三六代大統領(民主党)　B型リーダー

ケネディの死後を受けて、副大統領から昇格した。トルーマン以来の産軍複合体制の基盤を継承し、ソ連との対決主義的な冷戦政策を踏襲しつつ、いわゆる北爆をはじめとするベトナム戦争の拡大を推進した人物である。

ニクソン(Nixon, Richard Milhous)

生没　一九一三―一九九四年

在任期間　一九六九―一九七四年

第三七代大統領(共和党)　C＋A型リーダー

奨学金を支給されながら学業を修め、プールの監視員などをしながら下院議員、副大統領となり、ケネディのライバルとして大統領選に敗北したが、その後、ジョンソンの大統領選不出馬表明を受けて、共和党の候補として大統領に当選した。キッシンジャー補佐官（のち国務長官）とともに、ベトナム戦争の終結、変動相場制への移行、米中接近、デタント（緊張緩和）政策などの現実主義的な外交路線を推進し、冷戦によって疲弊したアメリカの再生に尽力したが、その強い猜疑心を有する性格からウォーターゲート（盗聴）事件を引き起こして失脚した。

フォード（Ford, Gerald R.）

生　一九一五年—

在任期間　一九七四—一九七六年

第三八代大統領　B型リーダー

失脚したニクソンのあとを継いで、副大統領から昇格した。ニクソンの現実主義的外交路線を継承し、アメリカの官僚機構の整備に努めた。また、現職のアメリカ大統領としてはじめて日本を訪問した。

カーター（Carter, James Earl, Jr.）

生没　一九二四年—

在任期間　一九七六―一九八〇年
第三九代大統領(民主党)　B型リーダー

ジョージア州知事から現職のフォードを破って大統領選に当選し、いわゆる人権外交を旗印に七〇年代の後半の覇権国アメリカを国際社会における平和の使途として位置づけようと尽力したが、ソ連のアフガニスタン侵攻とそれに対応するモスクワ・オリンピック・ボイコット政策により、その理想主義的な外交路線の転換を迫られることになった。大統領職勇退後はNGOなどの国際機関で活躍してノーベル平和賞を授与されたりなど、「大統領を辞めたあとの方が良い仕事をした元大統領」と称された人物である。

レーガン(Reagan, Ronald Wilson)
生　一九一一年―
在任期間　一九八一―一九八九年
第四〇代大統領(共和党)　C＋A型リーダー

カーターの人権外交の挫折を機に、カリフォルニア州知事から大統領に当選し、新冷戦、スター・ウォーズ計画、悪の帝国ソ連との対決路線を標榜し、国内においては高金利政策に代表されるレーガノミクスを遂行して停滞した経済を再生させるために尽力しつつ、内外における覇権国としてのアメリカの建て直しを推進した政治家である。同時代のゴルバチョフ(ソ連)、サッチャー(イギリス)、コール(西ドイツ)などの個性的な指導者たちとともに、八〇年代国際政治の主役の一人として活躍した人物である。

ブッシュ(父)(Bush, George Harbert Walker)

生　一九二四年—

在任期間　一九八九—一九九三年

第四一代大統領(共和党)B型リーダー

下院議員、CIA長官、副大統領を経て、大統領に当選した。当初、レーガンの新冷戦政策を継承したが、ソ連の解体と冷戦の終結を機にその矛先を転じ、いわゆる世界の警察官としてのアメリカという位置づけを標榜しつつ、湾岸戦争を推進した。また、軍事組織のIT化や経済社会のマネー・キャピタリズム化を推奨し、「黄金の九〇年代=アメリカの独り勝ち時代」の基礎を固めた人物である。

クリントン(Clinton, William Jefferson)

生　一九四八年—

在任期間　一九九三—二〇〇一年

第四二代大統領(民主党)　B型リーダー

アーカンソー州知事から大統領に当選し、史上空前のアメリカ独り勝ち好景気を実現したが、元ホワイトハウス実習生ルインスキー女史との不倫疑惑から支持率を落とし、引退した。

歴代大統領たちのリーダーシップの評価

さて、以上のような政策を遂行してきたアメリカの歴代大統領たちは、いわゆるリーダーシップの政治学という視点からはどのような評価されるのであろうか(**図表6-1参照**)。

まず、第一に、創造的で派手なリーダーによる革新的な政策のあとに、必ずそれを受け継いで地味ながら着実に当該国家の制度的基盤を整備する管理的なリーダーシップを発揮する指導者たちが続いている。たとえば、トルーマンのあとのアイゼンハワー、ケネディのあとのジョンソン、ニクソンのあとのフォードやカーターなどは、いずれも前任者の大きな改革政策を継承しつつ、その影響によって動揺した国家社会を安定化させるための政策を遂行した政治的リーダーたちであり、逆に、その同じアイゼンハワーのあとのケネディや、ジョンソンのあとのニクソン、そして、フォード、カーターと永く続いた七〇年代中期からの停滞を打ち破って登場したレーガンなどは、やはりいずれも既存の硬直化した国家体制を変革するための大きな改革政策を実施する創造的リーダーシップを発揮した大統領たちであるといえる。特に、ケネディ、ニクソン、そしてレーガンの三人は、その政権の後半期には、創造的リーダー

図表6－1　歴代アメリカ大統領たちのリーダーシップ形態の変態

トルーマン	A
アイゼンハワー	B
ケネディ	C＋A
ジョンソン	B
ニクソン	C＋A
フォード	B
カーター	B
レーガン	C＋A
ブッシュ（父）	B
クリントン	B

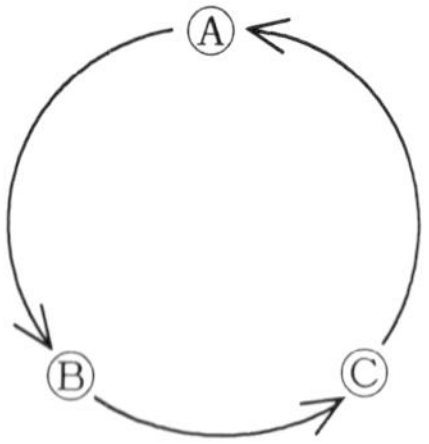

（筆者作成）

シップとともに象徴的リーダーシップをも発揮したと考えられるのである。

第二に、アメリカの場合には、その国際関係、国家、社会などがそれぞれの歴史の局面において必要とするリーダーシップに対応する形態がほぼ完璧なサイクルで登場しており、創造的リーダーシップ（A型）と管理的リーダーシップ（B型）およびその両者を中継する象徴的リーダーシップ（C型）との連携が、よく適合した形で推移してきている。そして、このことは、のちの見るソ連の場合と比較しても、アメリカが覇権国としての地位と国力を維持するために必要なリーダーシップが提供されてきたことを意味し、今日、ソ連崩壊後のポスト冷戦時代において、アメリカがいわば唯一の覇権国として世界に君臨している動向の理由の一つとして考えることができるであろう。

(2) 二〇世紀・歴代ソ連政治指導者たちのリーダーシップ(一九二〇年代~八〇年代)(4)

歴代政治指導者たちの政治的業績の概略

レーニン(Lenin, Vladimir Ilyich)

生没　一八七〇—一九二四年

在任期間　一九一七—一九二四年

人民委員会議議長　C+A型リーダー

ロマノフ朝ロシアを打倒し、世界初の社会主義国家ソ連を建国した革命家である。世界革命主義を唱え、コミンテルン(共産党情報局)を設置して、世界各地の社会主義運動の盟主としてのソ連という位置づけを実現しようと努力した。象徴的な要素も兼ね合わせた創造的リーダーである。

スターリン(Stalin, Iosif)

生没　一八七九—一九五三年

在任期間　一九二二—一九五三年

共産党書記長(のち首相、人民委員会議議長などを兼任)　B+C型リーダーレーニンの死後を継承し、ソ連の首相として、レーニン流の世界革命主義路線から一国社会主義路線への転換を唱え、祖国の地盤固めを遂行した政治家である。第二次世界大戦を戦い抜いたのち、それに続く冷戦時代を通じてアメリカとの対決主義を標榜し、祖国ソ連の社会主義体制を守るための防波堤として東ヨーロッパやアジアなどへの従属的な支配を強めた。やはり象徴的な要素も兼ね備えた管理的リーダーである。

フルシチョフ(Khrushchyov, Nikita Sergeevich)

生没　一八九四―一九七一年

在任期間　一九五三―一九六四年

共産党第一書記　C＋A型リーダー

スターリンの死後、首相としてアメリカとの対決主義路線を継承したが、政権の後半期には、むしろ祖国の政策を西側主国とのデタント(緊張緩和)を推進する平和主義路線へと転換させた象徴的要素も兼ね合わせた創造的リーダーである。いわゆるケネディ大統領との間で行われたキューバ危機における政治的な駆け引きは、戦後世界史の重大なクライマックスの一つとされているが、その裏表のない頑固な気質を体現する人間的魅力によって、西側諸国にも人望のあった人物である。

ブレジネフ(Brezhnev, Leonid Il'ich)
　生没　一九〇六―一九八二年
　在任期間　一九六四―一九八二年
　共産党第一書記(のち書記長)　B型リーダー

フルシチョフ失脚後のソ連共産党書記長として実権を握り、七〇年代中期から後期にかけてのデタント時代を通じて、管理的リーダーシップを発揮しつつ、祖国の地盤固めをした政治家である。地味ではあるが堅実な指導者として君臨し、大きな危機も起こらないが大きな発展も望めない時代のソ連を体現した政治家である。政権の末期にアフガニスタン侵攻という冒険をしたのは、むしろ彼としては異例の政策であったといえる。

アンドロポフ(Andropov, Yurii V.)
　生没　一九一四―一九八四年
　在任期間　一九八二―一九八四年
　共産党書記長　B型リーダー

KGB議長などを経て、ブレジネフの死後、共産党書記長としてその管理型の政策を継承しつつ、自身の病死によって短命政権のままチェルネンコにその座を譲った。ソ連共産党きっての生真面目で頑固な性格の人物であり、一部からはその潔癖症が周囲から疎んじられる傾向があったといわれている。彼が最も期待し、信頼した若手党員こそ、後のゴルバチョフ書記長であったことはよく知られている。

チェルネンコ(Chernnenko, Consyanyin Ustinovich)
生没　一九一一―一九八五年
在任期間　一九八四―一九八五年
共産党書記長　B型リーダー

アンドロポフの死後、首相として、やはりブレジネフ以来の管理型の政策を継承しつつ、やはり自身の病死によって短命政権のままゴルバチョフにその座を譲った。すでにフルシチョフ体制の時代から頭角を表していたソ連共産党の重鎮であり、西側諸国にも大物政治家として名の知られた彼が満を持しての政権獲得と期待されたが、残念ながら年齢と病気には勝てなかった。

ゴルバチョフ(Gorbachjov, Mikhail Sergeevich)
生　一九三一年―
在任期間　一九八五―一九九一年

共産党書記長(のち大統領)　C＋A型リーダー

チェルネンコの死後、共産党書記長として実権を掌握し、ペレストロイカ(改革)やグラスノスチ(情報公開)などの諸政策を断行して社会主義国ソ連の再生に尽力しつつ、ブッシュ大統領(父)との歴史的なマルタ会談によって冷戦を終結させた。その後、彼自身の予想以上の大規模かつ急激な時流の勢いに抗せず、はからずもソ連の再編に際して同国の初代大統領に選出され、ノーベル平和賞を授与されたりなどしたが、遂に守旧派のクーデターによって失脚し、祖国は解体され、独立国家共同体となった。

歴代政治指導者たちのリーダーシップの評価

さて、以上のような政策を遂行してきたソ連の歴代政治指導者たちは、いわゆるリーダーシップの政治学という視点からはどのように評価されるであろうか(**図表6 - 2参照**)。

まず、第一に、アメリカの大統領たちと同様にして、やはり創造的で派手なリーダーの革新的な政策のあとに、必ずそれを受け継いで地味ながら堅実な管理的リーダーシップを発揮する指導者が続いているといえる。たとえば、レーニンのあとのスターリン、フルシチョフのあとのブレジネフなどは、いずれも前任者が大きな改革をした後の地盤堅めや整備を着実に遂行した指導者であり、逆に、同じスターリンのあとのフルシチョフ、ブレジネフ・アンドロポフ・チェルネンコと地味な官僚制支配が永く続いたあとのゴルバチョフなどは、いずれも硬直化した国家体制の根本的な変革を志向し、活躍する、明る

図表6－2　歴代ソ連政治指導者たちのリーダーシップ形態の変遷

レーニン	C＋A
スターリン	B＋A
フルシチョフ	C＋A
ブレジネフ	B
アンドロポフ	B
チェルネンコ	B
ゴルバチョフ	C＋A

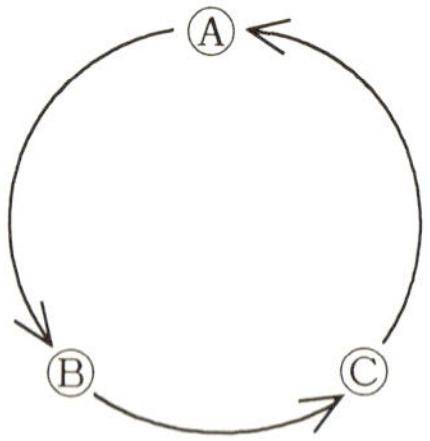

（筆者作成）

く派手な指導者であった。特に、レーニン、フルシチョフ、そしてゴルバチョフの三人は、いずれも創造的リーダーシップとともに、その政権の後半期には象徴的リーダーシップをも発揮したと考えられるのである。

第二に、ソ連の場合にはアメリカとは異なり、その後半期にブレジネフ、アンドロポフ、チェルネンコといずれもB型のリーダーシップを具現する政治指導者が続いてしまった。そして、このことは、国家社会が革新的な改革が必要な時期＝創造的リーダーシップ（A型）が必要とされる時期においても、それに即応したリーダーシップが登場しなかったという事実を意味しており、期待のA型リーダーたるゴルバチョフが登場した頃には、すでに時期遅く、彼の卓越した政治手腕をもってしても社会主義国としての祖国を再生させることはできず、ソ連は解体し、その実権を新生ロシア共和国のエリツィン大統領に移譲していくことになるのである。

さて、それでは以上のような理論モデルの検証結果を受けて、最後に次章では、本書における議論を総括してみよう。

注

(1) ド・ゴール大統領の足跡および評価については、シャルル・ド・ゴール(村上光彦・山崎庸一郎)『ド・ゴール大戦回顧録(呼びかけ一・二)(統一一・二)(救済一・二)』(みすず書房、一九九九年)(全六冊セット)、山上正太郎『チャーチル・ドゴール・ルーズベルト――ある第二次世界大戦』(社会思想社、一九八九年)、大森実『ド・ゴール――孤高の哲人宰相(人物現代史シリーズ)』(講談社、一九七八年)、スタンレイ・ホフマン(天野恒雄訳)『政治の芸術家ド・ゴール(フランス現代史二)』(白水社、一九七七年)、同(同訳)『没落か再生か(フランス現代史三)』(白水社、一九七七年)、同(同訳)『革命か改革か(フランス現代史一)』(白水社、一九七七年)、A・デュアメル(村田晃治訳)『ド・ゴールとミッテラン――刻印と足跡の比較論』(世界思想社、一九九九年)などを参照せよ。

(2) 鈴木貫太郎首相の足跡および評価については、鈴木貫太郎(鈴木一編)『鈴木貫太郎自伝』(時事通信社、一九八五年)、半藤一利『聖断・天皇と鈴木貫太郎』(文春文庫、一九九八年)、小堀桂一郎『宰相・鈴木貫太郎』(文春文庫、一九八七年)、小松茂朗『終戦時宰相・鈴木貫太郎』(光人社、一九九五年)、立石優『鈴木貫太郎』(PHP文庫、二〇〇〇年)、花井等『終戦宰相・鈴木貫太郎』(広池出版、一九九七年)、猪木正道『軍国日本の興亡』(中公新書、一九九五年)、半藤一利『日本のいちばん長い日』(文春文庫、一九九五年)、角田房子『一死、大罪を謝す・陸軍大臣阿南惟幾』(新潮社、一九八四年)などを参照せよ。

(3) アメリカの歴代大統領たちに関する足跡と評価については、高崎通浩『歴代アメリカ大統領総覧』(中公新書、二〇〇二年)、宇佐美滋『アメリカ大統領を読む事典』(講談社、二〇〇〇年)、同『アメリカ大統領歴代四一人の素顔』(三笠書房、二〇〇〇年)、久保憲一『現代アメリカ大統領』(嵯峨野書院、一九九三年)、藤本一美『ケネディとアメリカ政治』(つなん出版、二〇〇〇年)、有賀貞『アメリカ政治史』(福村出版、一九八五年)、同『アメリカ外交史』(有斐閣選書、一九九八年)、斎藤眞『アメリカ現代史』(山川出版社、一九七六年)などを参照。

(4) ソ連の歴代指導者たちに関する足跡と評価については、木村英亮『ソ連の歴史』(山川出版社、一九九一年)、塩川伸明『終焉の中のソ連史』(朝日新聞社、一九九三年)、中西治『現代人間国際関係史』(南窓社、二〇〇三年)、同『ソ連邦から共同体へ』(南窓社、一九九二年)などを参照。

終　章　リーダーシップ研究と臨床政治学

本書では、いわゆるリーダーシップに関するさまざまな学問領域の研究成果を踏まえた上で、リーダーシップの政治学的な分析枠組の構築を試行した。以下、その過程で明らかになった事項を整理するとともに、いわゆる臨床科学としての政治学（臨床政治学）という視点から、この種の研究分野に関する今後の課題を模索してみたいと思う。

1　本書の要約

第一に、リーダーシップに関する経営学や心理学の研究成果は、当該リーダーの資質を論ずる資質論から、そのリーダーの行動を類型化する類型論、さらには、当該リーダーシップが発揮される舞台としての状況を論ずる状況論へと発展してきた。

第二に、しかしながら公的な組織体としての国家の運営者である政治的リーダーを論ずる政治学や歴史学においては、どちらかといえば行動科学的な類型論や状況論よりも、当該リーダーの資質を論ずる資質論の成果に多くの意義を見出す傾向があった。

第三に、以上のような認識に基づいて、リーダーシップの政治学的な分析枠組の設定を試行すると、そこには、特にリーダーの行動より以上に資質の要素を重視した、いわば当該リーダーの人間性を総合的に論ずるための枠組が必要とされることになった。

また、そこで設定された静態分析のための三つのモデル(創造的リーダーシップ、管理的リーダーシップ、象徴的リーダーシップ)を用いて、実際の政治的リーダーシップに関する事例研究を遂行するためには、当該リーダーシップを連続する政治行動一つの過程としてとらえ、その過程における空間的かつ時系列的な分析＝動態分析を遂行する視点が必要であると論じられた。

2　今後のリーダーシップ研究の課題と展望

今後の政治学、特に、現場主義と実証主義を重んじるという意味における臨床科学としての政治学＝いわゆる臨床政治学(Clinical Political Science)というスタンスから見た場合に、政治学的なリーダーシップ研究についていかなる課題と展望が考えられるのであろうか。

なお、臨床政治学というのは、近年になって登場した政治学の新しい方向性を提示した概念である。そこでは、従来の政治学における研究活動の重点が、いわゆる理論的研究の分野におかれてしまい、いきおい、その実証的な研究成果が稀少であった事実に鑑み、その現場主義と実証主義を旨とする新しい研究の方法論を提示するのが目的である。ちなみに、日本においては、現代政治学は欧米からの輸入学問として発達したものであり、そのような欧米型の政治学は、もともと自由主義、民主主義、社会主義などの人類普遍の概念を取り扱う学問体系であったわけであるから、それがそれぞれの国家や地域の実情における特殊性よりも、世間一般に共通の分母を探索・洗練する研究活動＝理論的研究に偏重してしまうのは致し方のないことであった事情は考慮すべきであろう。ただし、そうした研究動向が、当該研究対象としての政治現象の因果的かつ相関的に重要な要素を見落とす結果を招いてきたこともまた事実である以上、そこではより実証的な研究に重点を置いた新しい方法論が提示される必要性があったと推察することができる。また、臨床＝クリニークという言葉に示されるように、ここでは現代の政治社会を一種の患者＝クランケとし、そこに存在している政治現象上の問題点を、本来の健常者としての姿から逸脱した病理的な現象としてとらえ、いわばそれを治療する方法として、政治学的な政策論の手法を適用しようとするものである。そして、このような新しい政治学の方向性に即して、本書で検討してきたリーダーシップ論の研究成果を位置づけてくいと、そこでは、およそ以下のような研究課題が提示されることになるであろう。

第一に、事例研究の動向として、歴史学的な成果を踏まえた上で、過去の歴史における具体的な政治家研究（偉人研究もしくは人物研究）がより多く遂行される必要があろう。

第二に、やはり実証研究の動向として、政治学的な研究成果を踏まえた上で、リーダーシップを発揮する当該人物を取り巻く状況＝環境を的確に把握するための政治社会情勢の研究が遂行される必要があろう。

さらに、第三に、理論研究の動向として、従来の政治学における権力理論や大衆社会論の成果を踏まえた上で、企業の経営者をはじめとするより一般的な社会組織のリーダーシップとは異なる公式な組織体としての国家を運営するリーダーの資質や行動に関する理論的研究が遂行される必要があろう。

これに加えて、いわゆるリーダーシップ研究全体の課題について、たとえば田尾雅夫教授は、資質論的なリーダーシップ研究の方向性として、以下の三つを提示している[1]。第一に、リーダーシップへの動機付けの問題である。リーダーが効果的なリーダーシップを発揮する最も大きな要素は、そのリーダーが良いリーダーになりたいと動機付けられていることである。一般に、誰もがリーダーとしての役割に動機付けられていると暗黙に前提されているが、これは必ずしも正しくないのである。第二に、リーダーとしての適性の問題である。これまでの資質論的研究では、リーダーになれる人が共通に有している特性を検討してきたが、逆に、リーダーになれない人に共通する特性を研究することも重要である。誰でもが等しくリーダーになれるわけではない以上、対人関係の技術や社会に関する知識の不足、リーダーシップ訓練コストの大小など、こうした個人差の問題を検討する必要があろう。第三に、特性リストの再検討である。果たしてリーダーシップのための汎用リストの作成は重要であるのか、または可能であるのかという問題である。

すなわち、このような認識から、リーダーシップ研究の総合的な研究課題をまとめるとすれば、それは、第一に、果たしてすべての人々が政治家になりたいと欲しているか否かを調査するということ、第二に、政治家にふさわしいか、または政治家になれる資質とともに、政治家にふさわしくないか、または政治家にはなれない資質とは何かを探求するということ、そして、第三に、政治家の技量を具体的かつ客観的に判定する学術的な基準を構築することの三つであろう。

3　日本におけるリーダー待望論の落とし穴

最後に、これまでの研究成果を踏まえた上で、現代の日本社会におけるリーダー待望論に関する暫定的な結論を提示し、本書の締めくくりとしたい。

(1)　政治的リーダーに「ふさわしい人」と「ふさわしくない人」

ところで、本書では、第一に、政治的リーダーシップとその他のリーダーシップとは根本的に異なる性質の社会活動であると考えており、第二に、そのような多くの特殊性を有する社会活動としての政治的リーダーシップを担うべき人材＝政治家たるべき人間には、それに見合った資質や特性が必要であるという考えに立脚して議論を展開してきた。

いうまでもなく、このような議論は、だれもが訓練さえ積めばリーダーになれるという平等主義を前提としている多くの経営学や心理学の議論などと比べ、はなはだ不平等であり、同時に、ある種の差別主義を内包している議論であるような批判を受ける可能性もあろう。しかし、そのような批判は本末転倒であるといわねばならない。なぜなら、それぞれの職業には、その職業自体の特性とともに、それに従事する当該人物の外生および内生要因のそれぞれに関する適性（向き不向き）が存在し、ある種の仕事で成功したからといって別の仕事でも必ず成功するというわけではないからである。

たとえば、銀行の支店長として非常に良い成果を上げた実績があるからといって、果たしてその同じ人物が、証券や保険などのよく似た要素を多く有する業種へと転職するならばいざ知らず、おそらくはホテルの受付や学校の先生などの職業へ転職しても、ごく一部の例外をのぞいてほとんどもっぱら上手にはいかないであろうことは、火を見るよりもあきらかである。また、いわゆる日本でＭＢＡ（経営学修士号）を有する起業家たちの多くが、明日にでも博士号を取得でき、明後日には大学教授になれると思っているのも、そうした勘違いの一例であろう。学問研究や教育活動というものには、自身の努力に基づくそれ独自の技術と才能が必要なのであり、大学教授が明日からすぐに経営者になれないのと同様にして、彼らが経営者として培った技量を応用する程度で一朝一夕に可能なほど、教育者・研究者としての仕事は甘いものではない。それは、よくよく差別ならぬ、「区別」しなければならない才能なのである。いわば、いにしえのことわざでいう「餅屋は餅屋」というわけであろう。

すなわち、政治活動というものには、経済や経営の活動とは異なる強制性や公共性などに代表される種々の特殊性が存在しており、それはむしろ、経済や経営の活動が内包している論理とは異なるどころか、敵対さえしてしまう論理なのである。そして、われわれ日本人には、これまでそうした論理を混同するという勘違いがあまりにも多かったように感じられる。そして、今後は、本書で取り扱うリーダーシップ論などの研究をはじめとして、こうした混同や誤解を取り除き、真に建設的な議論を構築していくために必要なものと必要でないものとを、よくよく見極めていかねばならない状況に立たされているといえよう。

かねて戦後日本の政治社会では、キャリアという名で呼ばれる官僚集団の長を経験した人々が多く国政の政治家へと転進してきた。また昨今、ベンチャー・ビジネスで成功した会社経営者たちが、特に地方議会を中心として政治家へ転進する姿が多く見られている。彼らのごく一部には、もちろん政治家にふさわしい資質を有する人物たちも存在するが、また同時に、そうでない人々も数多く存在するのが現状である。わが国における心理学的なリーダーシップ論の草分けである田尾雅夫教授が、いわゆる猫も杓子も起業家＝アントレプルナーになれると思っている社会風潮に対して「身のほどを知ってもらうために」と執筆された著作と同じ意義をもって、ここに本書を世に問うものである[2]。

(2)　本当に必要とされているリーダーの資質とは何か？

ところで、本書において遂行された研究によって得られた知見によれば、われわれが今日の日本社会において、果たして革新的かつ強力なリーダーシップを必要としているか、もしくは非革新的で地味ではあるが、堅実なリーダーシップを求めているのかという問題については、当該国家たる現代の日本社会が、果たして前者と後者のいずれを欲している情勢下にあるのかという外生要因および内生要因によってはじめて判定されるべきものであることが分かった。

すなわち、今やわれわれ国民は、いずれも強力なリーダーシップを求める世論風潮の中で、そこに時代の趨勢を感じ易い傾向にあるが、そこでは、より冷静で現実主義的な視点から、まずもって、果たしてわれわれの今の国家や社会が本当にそのようなリーダーシップを求めるべき状況にあるのかどうかを判定することが必要なのである。換言すれば、あるいは世論風潮とは異なる状況、たとえば、バブル時代のお祭り騒ぎではしゃいだあとの後始末を着実にするべき時代であるということであるとすれば、むしろ革新的で創造的なリーダーシップを求めている世論風潮とは正反対の堅実で管理的なリーダーシップを体現する資質を有する政治指導者こそが求められているということになる可能性も大いに存在するわけであり、むしろそのようなリーダーこそが「信頼に足るべきリーダー」ということになるのである。この点を見誤ると、われわれのかけがえのない祖国は、もはやその修復が不可能なほどの泥沼へと歩を進めていくことになるであろう。そこに待ちうけるものは、国家の解体であり、日本国民の離散であり、主権をはじめとする自立的なアイデンティティの摩滅化や喪失に他ならないのである。

(3)　日本のリーダーにふさわしい人物はだれか？

本来、リーダーシップという活動は、人間が他の人間とともに協同していく過程で必要不可欠な社会活動である。したがって、その資質や行動の意義を解明することは、当該社会のより一層の発展に有意義な成果をもたらすことになるであろう。特に、政治学や歴史学の分野における当該リーダーの資質の要素を重視したリーダーシップ論の発展は、公式な組織体としての国家の指導者としていかなる人物を選出するかという役割を担った政治的動物であるわれわれ諸国民に、新しくかつ必要な知見を与えてくれることであろう。われわれの先達が命をかけて獲得してきた政治的権利を単に守るだけでなく、それをより良い方向で発展的に継承していくためにも、われわれ現代の諸国民、特にわが国の国民諸氏は、もっと政治的リーダーシップに関する議論を高揚させ、もはや二度とそれにふさわしくない人物を政治家や指導者に選ぶような選挙結果を招かないようにしていかねばならないという甚大な歴史的責務を負っていると考えられるのである。

繰り返しになるが、本書の研究成果が、いたずらに強力なリーダーシップを求める昨今の日本社会の風潮に対して、その冷静さを取り戻すための契機となれば幸いである。そのために、われわれ日本国民には、経営学でも心理学でもない、政治学的なリーダーシップ研究を高揚させていく役割が課せられているのである。また同時に、本書の内容が、自らの資質や身のほどをわきまえることなく政治家への転進をせんとしている、またはすでにしてしまった人々への警鐘や反省をうながすと同時に、いわゆる選挙への参加に際して、われわれ国民ひとりひとりが、選ばれるよりも遥かに神聖な天賦自然の人権として持つ「選ぶ権利＝投票権」を行使する場合に、果たしてその候補者が政治家＝政治的リーダーにふさわしい資質を有する人物であるかどうかを見極めるための指標の一つとして活用されることを願ってやまない。

注

(1) この議論は、田尾(一九九九)前掲書を参照のこと。
(2) このような学術的な意義については、田尾(二〇〇三)前掲書を参照のこと。

補論1　政治的リーダーのパーソナリティ
――政治心理学的アプローチ――

1　政治心理学としてのリーダーシップ研究

この補論1の章では、リーダーシップの政治学的な考察を遂行する際の派生議論を展開する。それは、いわゆる心理学（psychology）と呼ばれる学問領域の研究成果を政治学、特に国際政治学の分野へ応用する試みに他ならない。心理学というのは、「心」の「理《ことわり》」について考える学問である。すなわち、人間の個人的かつ集団的な心の姿や動きを、科学的な研究手法を用いて説明することを目的とした学問分野である。心の姿や動きというのは、個人であると集団であるとを問わず、人間のあらゆる精神的・物理的活動において生起する現象に他ならない。したがって、現在、心理学の応用分野は多岐にわたり、産業、組織、臨床、犯罪、交通、環境、健康、老年などの多くの分野でその成果が挙げられている。そこで、これを政治分析の手法として応用し、いわば政治心理学ともいうべき分野として、新たに現代政治学の中に位置付けようと試みることになったわけである。

ところで、この人文科学にも社会科学にも、はたまた自然科学にも分類することができそうな学問が生まれたのは、その学術的な背景をも換算すれば実に有史以来の時点であり、実に長い歴史を有しているといえる[1]。しかし、近代科学としての心理学がほう芽して以降の歴史となれば、それはたかだか1世紀程度のものであり、したがって、だいたい国際関係論の歴史と同じくらいのものであると考えられる。特に、一九世紀末に、ウィーンで臨床医をしていたフロイト(Freud, S)によって提唱された「精神分析学」の登場が、その科学としての心理学の歴史を開化させたといわれている[2]。その後、ゲシュタルト心理学(Gestalt psychology)の成立や行動主義(behaviorism)・新行動主義(neo-behaviorism)といった変革期の洗礼を受けつつ、認知心理学(cognitive-psychology)の登場をもって、おおよそ現代心理学の基礎が完成した。

しかし、人間の心の姿や動きというものは多分に機能的なものであり、もともと人体解剖をしてその実体的な内容を機械論的に把握できるような性質の対象ではない。それは、最終的には目に見えないブラック・ボックスである。したがって、このような研究の過程においては、いわゆる刺激—反応分析や構造—機能分析など、「〇〇の刺激を与えたら××の反応が出てきたので、その内容はおそらく△△ではないか」という入力=出力分析の研究方法が適用されたのである。こうして、実験法、観察法、測定法、統計法などの分析や調査の手法を研究方法として導入することを通じて、人文科学として出発しながらも社会科学的な対象を取り入れつつ、同時に、自然科学的な手法を併用するという総合科学的な学問としての心理学の性格が形成されたわけである。

さて、このような「心の科学」としての心理学を政治現象や国際政治現象の問題に応用する際には、大きくいって、以下のようなミクロとマクロの二つの領域が考えられるであろう。前者は、政治学や国際政治学でいうところのミクロ理論＝外交政策論に相当する領域であり、外交政策の決定過程における参画者、特に、その頂点に位置する政策決定者＝たとえば大統領や首相、外相などの性格について分析し、どのような性格の人物が外交政策を決定・遂行するのかという問題について考察する研究分野である。また、その外交政策を遂行する国家がどのような性格の社会を有しており、こうした当該国の社会の性格と外交政策との相関関係や因果関係を考察することも可能であろう。

これに対して後者は、政治学や国際政治学でいうところのマクロ理論に相当する領域であり、全世界的または地域主義的な規模の国際関係における国家や社会の相互作用、特に、そうした国際関係を構成するメンバー――たとえば国家やNGOなどが他のメンバーに対してどのようなイメージを有しているのか、また、それらメンバー間における紛争や協力の過程に着目し、これを調停・解決したり、逆に醸成したりするための方法について検討しつつ、どのような国際関係全体の構造がいかなる国際関係の動態を生み出すのかを考察するという研究分野である。

従来、政治学、経済学、経営学、社会学などのさまざまな社会科学的な分野において、特に後者の研究はある程度遂行されてきたと考えられる――たとえば「紛争研究」や「安全保障論」など。しかし、前者の研究領域に関する成果は、それに比べて稀少であったといえる。したがって、本章では、上記二つの大きな研究領域のうちで、特に前者の問題領域を取り上げ、これを国際政治学の一つの研究分野として体系的に位置付ける作業を展開していく。そして、その過程で、心理学的なものの見方の基本と、それを使って国際関係を見た場合の考察方法について検討してみたい(3)。

以下においては、まず第一に、政策決定者や国家社会の性格を分析する心理学的なツールとしてのパーソナリティ理論の基本的な論理について紹介し、第二に、それを外交政策論を中心とした国際政治学――特に政策決定者論へ応用する可能性について論じていきたいと思う。

2　政治的リーダーのパーソナリティ類型

ところで、個人であると集団であるとを問わず、一般に、人間の行動というものには共通の特徴が見られるが、よく見ると、そこには当該人物に固有の個性的な行動の特徴が見られるものである。すなわち、ある特定の人間行動を理解するためには、そうした行動の共通性を考察することと同時に、当該人物に独特な行動の特徴を理解することも必要となる。そして、こうした個性的な行動様式の特徴を、心理学では一般に「性格（character）」と呼んでいる。人間の行動は各種の環境的条件と個体的条件との相互作用により生ずるが、ここでは、そのような行動に見られる多様な個人差を個体的条件から説明するために設定した概念として、性格という語が用いられているのである。

実は、性格とよく類似する概念として、パーソナリティ（personality）と気質（temperament）が挙げられる。前者は、日本では「人格」と訳され、道徳的な価値判断を含む概念であるが、性格とほぼ同義語であると考えて良い。また、後者は、性格の下部構造として、その個人の先天的・生理的な感情や意思の特徴を表す概念として用いられている。いずれも人間行動の特徴の基底にある要素をいい表している概念であるが、ここでは、性格とパーソナリティを同義語として扱うとともに、それらの基底にある生まれながらに備わった先天的な人間の精神的な要素を気質と呼ぶことにする。

さて、このような性格の性質を理解するための視点や考え方の基本には、大きくいって二つある。一つめは、分類法と呼ばれるものであり、これは、個人をいくつかの性格カテゴリーに分類して説明しようとする方法である。二つめは、因子法と呼ばれるものであり、性格を各種行動の特徴の組み合わせとして考え、それぞれの特徴の程度や組み合わせの度合いを考えて説明しようとする方法である。いずれの方法も、一人一人の人間の個人差に着目する方法ではあるが、前者が人間の性格全体を把握しようとするマクロ的手法であるのに対して、後者は、性格を構成する要素としての行動の特徴についてミクロ的に論じていく方法であるという違いがある。

(1) 性格分類法の基礎理論

そこでまず、性格を何らかの基準に基づいて整理し、そうして出来あがった組織的な類型のいずれかに個人を当てはめて分析しようとした研究成果としての性格分類法を紹介する。この分野の業績としては、クレッチマー(Kretchmer, E.)、シェルドン(Sheldon, W. H.)、ユング(Jung, G. C.)などの成果が有名である[(4)]。

①　クレッチマーの理論（図表 補1－1参照）

クレッチマーの理論は、性格の相違を体格という体質的・生物学的な基準によって分類した業績である。彼は、臨床の経験から人間の体格を肥満型、細身型、闘士型・発育異常型の四つに分け、この中から一般的な人間に最も多い肥満、細身、闘士の三つを選んで精神病との関連を研究した結果、肥満型には躁鬱病が、細身型には精神分裂症が、闘士型にはてんかんが多いことを発見した。

そして、肥満型の人間は、社交的で温かみのある親切なイメージを与える人で、爽快で高揚した気分と陰気で沈滞した気分とが交互に極端な形で表れる人として、これを躁鬱質と名づけた。また、普通の人に見られる例としては、明朗で生活を楽しみ、思考内容も豊富で決断力があり、軽率気味ではあるが行動力もともなうが、落ち込んだ場合には悲観的で迷うことが多い人などを挙げている。たとえば、第二次世界大戦時のイギリスのチャーチル首相などは、これに該当する要素が多い政治家であ

図表 補1－1　クレッチマーの体型説

	一般的特徴	性　質	体　型
分裂質	○非社交的 ○静か ○内気 ○きまじめ ○変わりもの	●過敏性 臆病・はにかみ・敏感・神経質・興奮しやすい ●鈍感性 従順・お人良し・温和・無関心・鈍感・愚鈍	細長型 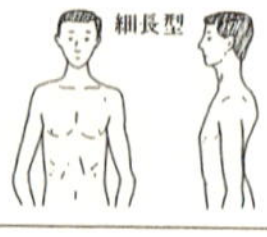
躁うつ質	○社交的 ○善良 ○親切 ○暖かみがある	●躁状態 明朗・ユーモアがある・活発・激しやすい ●うつ状態 寡黙・平静・気が重い・柔和	肥満型 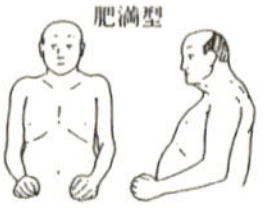
てんかん質	○一つのことに熱中しやすい ○几帳面 ○疑り性 ○秩序を好む	●粘着性 忍耐強い・頑固・軽快さがない・礼儀正しい ●爆発性 ときどき爆発的に怒りだす。	闘士型 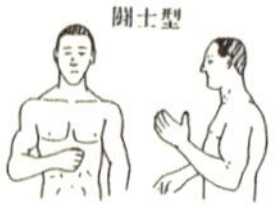

クレッチマーの議論を梅本教授らが訳出・整理
梅本・大山（1992）195頁

ろう。

これに対して細身型の人間は、非社交的で無口、生真面目、用心深く変わり者で、非常に敏感で傷つきやすい反面で、無関心で鈍重なお人よしの両面を持っており、これを分裂質と名づけた。また、普通の人に見られる例としては、上品でデリケートな人、孤独な理想家、冷たい支配者や利己的な人、感情の動きがない人などを挙げている。たとえば、やはり第二次世界大戦時のアメリカのルーズベルト大統領などは、これに該当する要素が多い政治家であろう。

最後に、闘士型の人間は、几帳面で懲り症であり、習慣や秩序を重んじて融通が効かず、時には爆発的に怒り出したりもする反面、しかし、非常に礼儀正しく丁寧である人として、これを粘着質と名づけた。また、普通の人に見られる例として、正義感が強く粘り強い精神力を持っているが、執念深く頑固で軽快さがない人などを挙げている。たとえば、ナチスドイツ時代のヒットラー総統などは、これに該当する要素の多い政治家であろう。

② シェルドンの理論（**図表 補1－2参照**）

クレッチマーの研究に刺激を受けたシェルドンは、四〇〇〇人におよ

図表 補1－2　ユングの性格類型

機　能	内　向	外　向
思　考	理論的，知的，非実践的	客観的，堅い，冷たい
感　情	無口な，子どもっぽい，冷淡な	激しい，興奮的，社交性のある
感　覚	受動的，もの静かな，芸術的	現実的，官能的，愉快な
直　観	神秘的，夢想的，独自性のある	幻想的，可変的，創造的

ユングの議論を梅本教授らが訳出・整理
梅本・大山(1992)197頁

ぶサンプルについて、それぞれ一七の身体部分を計測し、消火器系の発達が良い肥満型の内胚葉タイプと、筋骨の発達が良い闘士型の中胚葉タイプ、神経系や皮膚の発達が良い細身型の外胚葉タイプに分類した。そして、それぞれを、社交的で態度や動作がおだやかであり、安楽を好む内臓緊張型、大胆で自己主張が強く、精力的ではあるが、荒削りで競争心が強い身体緊張型、非社交的で過敏ではあるが、もの静かで感情を表に出さない頭脳緊張型と名づけた。このシェルドンの研究成果は、異なる分析方法によってクレッチマーの理論を実証した研究として位置付けられることになった。

③　ユングの理論（図表 補1－3参照）

以上のような分類法に対して、ユングは人間の心理的特性に注目し、生命エネルギー（＝または心的エネルギー）としての「リビドー」が、外に向かって外部の刺激に影響されやすい傾向を有する外向性の人と、内に向かって自分自身に関心が集中する傾向を有する内向性の人が存在するとして、すべての人間はこうした外向性と内向性の両面を有しており、そのいずれが強い

図表 補1－3　外交政策の性格類型

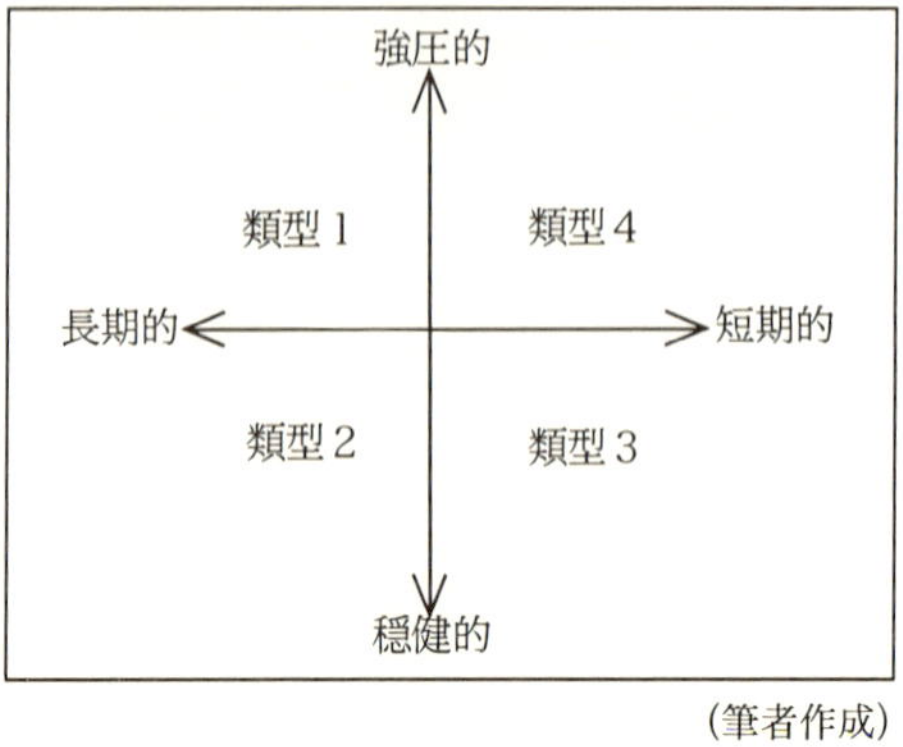

（筆者作成）

かによって向性の型が決定されると結論した。また、前者は社交的で適応能力や統率力、実行力や決断力もあるが、軽率で粗雑な面もあり、これに反して後者は控えめで思慮深い理論家であり、粘り強さや慎重さもあるが、非社交的で気難しく、心配性でもあるとした。

たとえば、同じインドネシアの大統領ではあったが、スカルノはどちらかといえば外向性の要素が強く、スハルトはどちらかといえば内向性の要素が強い政治であったといえるであろう。しかし、この理論については、ある人間がどちらの向性かを判定するために向性検査を受けさせなければならないという事情があり、客観的な類型判断の指標が乏しいという欠点がある。

(2) 性格分類法と外交政策論

ところで、性格分類法の成果を国際政治学に応用する場合の作業上の便宜をはかるために、外交政策を類型化してみよう。なお、外交政策に限らず、一般に、政策の立案・決定・遂行という政治的作業においては、その政策に関わる手段(強いか弱いか)と時間(長いか短いか)という指標が重要であると考えられる。したがって、ここでは、まず縦軸に政策の「強制性」を取り、上へ行くほど強圧的な政策となり、下へ行くほど穏健な政策となる。また、横軸には政策の「時間的余裕」を取っており、左へ行くほど長期的な政策となり、右へ行くほど短期的な政策となる。こうして、以下のような大まかな外交政策の四つの類型が出来上がることになる(**図表 補1-4**参照)。

類型1

これは、強圧的かつ長期的な外交政策であり、一方の国が国境に大量の軍隊を常時駐屯させて他方の国をじりじりと威圧するような場合である。

類型2

これは、穏健的かつ長期的な外交政策であり、長い時間をかけてじっくり定期的な会合を繰り返しながら、少しずつ合意を模索するような漸進主義的な場合である。

類型3

これは、穏健的かつ短期的な外交政策であり、とにかく短期間のうちに合意できることを模索して、平和的な雰囲気を醸成していくような場合である。

類型4

これは、強圧的かつ短期的な外交政策であり、実際に軍事力を行使して進攻し、手っ取り早く事態の解決をはかるような場合である。

図表 補1－4　アイゼンクによる神経症傾向をもつ内向性、外向性の特徴

内向性	外向性
○不安や抑うつの徴候を示す。 ○強迫観念、焦燥感、無感動。 ○感情が傷つきやすい。 ○自意識過剰で神経が繊細。 ○劣等感を持ちやすい。 ○気難しい。 ○空想家、非社交的、引っ込み思案。	○むら気で言語動作などのヒステリー的態度を示す。 ○あまり精力的でなく、趣味の範囲が狭い。 ○不平不満が多い。 ○何かと事故をおこしやすい。 ○苦痛に弱い。

アイゼンクの議論を梅本教授らが訳出・整理
梅本・大山（1992）201頁

なお、実際の外交政策は、こうした四つの類型の中間型、移行型、複合型の形式を取っておこなわれるものではあるが、ここでは分析の便宜をはかるため、とりあえずこうした理念型＝分析モデルを設置しておきたい。

まず、クレッチマーとシェルドンの理論における三つの類型である肥満型＝内胚葉型、細身型＝外胚葉型、闘士型＝中胚葉型から検討しよう。肥満型＝内胚葉型の政策決定者は、社交的で温かみがあるために、強圧的な政策よりは穏健な政策に強みを発揮するとともに、明朗で生活を楽しむ気風を持っているが故に、どちらかといえば長期的な政策に長じていると考えられる（類型2など）。これに対して細身型＝外胚葉型の政策決定者は、非社交的であるがゆえに、どちらかといえば強圧的な政策に長じているとともに、生真面目で変わり者であることから、短期的な政策に強みを発揮すると考えられる（類型4など）。また、闘士型＝中胚葉型の政策決定者は、几帳面で懲り性であるがゆえに強圧的な政策に強みを発揮するとともに、その忍耐強さは長期的な政策にも長じるであろう（類型1、3など）。しかし、時に爆発的な怒りを発散させる場合には、短期的な政策にも長じた部分を有していると考えられる（類型4など）。

次に、ユングの理論における二つの類型である内向性と外向性について検討しよう。まず、内向性の強い政策決定者は、理論的で冷淡、受動的などであるために、どちらかといえば穏健で長期的な政策に長じるところがあろう（類型2など）。しかし、非現実的な側面も持っているため、一転して強圧的な政策に転じる可能性もあるだろう（類型1など）。次に、外向性の強い政策決定者は、社交的で現実的、興奮的であるために、どちらかといえば短期的かつ強圧的な政策に長じるところがあろう（類型4など）。しかし、現実的な判断の側面も持っているため、それが有効である限りにおいて穏健な政策も考慮するであろう（類型3など）。

3　性格因子法と外交政策論

さて、前節で見てきたような分類法による性格分析の成果には、かねてより非常に多くの現実妥当性があることが指摘されてきた。しかし同時に、類型が概略的であることから、いわゆる中間型や移行型が無視されたり、個々の事例に特有の性格が見過ごされたり、環境的要因を軽視する傾向があったりなど、幾多の批判も指摘されることになった。そこで次に、性格を行動特徴の組み合わせとして考え、それらの特徴を成り立たせている特性（trait）を抽出するとともに、その程度や度合いを考察しながら性格の相違を説明しようとした研究成果としての性格因子法を紹介する。この分野の業績としては、キャッテル（Cattel, R. B.）やアイゼンク（Eysenk, H. J.）などの成果が有名である[5]。

（1）性格因子法

①　キャッテルの理論

キャッテルは、人間の行動の特徴を外部から観察できる表面特性（surface trait）と、その背後にあって表面特性を成立させる要素としての源泉特性（source trait）とに区別し、質問紙法、生活記録、客観的検査などの結果を因子分析の手法を用いて統計的に処理し、以下のような一二個の源泉特性を抽出して、これを支配性因子と名づけた。

因子１　躁鬱気質——分裂気質
　これは先のクレッチマーの気質分類とほぼ同じであり、社交的・明朗・暖かさなどと、非社交的・無口・しつこい理屈っぽさなどの傾向とを両極とする因子である。

因子２　一般的精神能力——知能欠如
　これは、聡明さ・思慮深さ・教養の高さと、愚かさ・無反省・粗野とを両極とする一般的知能の因子である。

因子３　情緒安定性——神経症的情緒不安定性
　これは、情緒が安定した現実的な生活態度と、不平が多く未成熟な神経症的傾向を両極とする因子である。

因子４　支配性・優越性——服従性
　これは、自己主張的で自信にあふれ、高慢で他罰的な傾向と、服従的で遠慮がち、自信に乏しく内罰的な傾向とを両極とする因子である。

因子５　高潮性——退潮性

これは、快活・社交的・精力的・ウィットに富む傾向と、抑うつ的・悲観的・隠遁者的な鈍重さを持つ傾向とを両極とする因子である。

因子6　積極的性格――消極的性格

これは、決断的で責任を取る態度と、移り気で軽薄・不真面目な態度とを両極とする因子である。

因子7　冒険的躁鬱性気質――退嬰的分裂症気質

これは、冒険的で親切、異性に関心を持ち、率直で衝動的な傾向と、はにかみ屋で冷淡、異性に関心がなく、秘密主義で抑制的な傾向とを両極とする因子である。

因子8　敏感で小児的・空想的な情緒性――成熟した強い安定性

これは、落ち着きがなく、依存的で空想的な傾向と、情緒的に安定し、独立心があって、空想などに影響されない傾向とを両極とする因子である。

因子9　社会的に洗練された教養のある精神――粗野

これは、知的教養・洗練された感性・芸術的趣味と、無反省で偏狭・無作法・無教養とを両極とする因子である。

因子10　信心深い躁鬱性気質――偏執病

これは、信じやすくものわかりの良い傾向と、疑い深く嫉妬深い傾向とを両極とする因子である。

因子11　ボヘミアン風の無頓着さ――月並みの現実主義

これは、型破りで想像力に富むが、当てにならない傾向と、平凡で面白みはないが手堅い傾向とを両極とする因子である。

因子12　如才なさ――単純さ

これは、洗練された緻密さと、気のきかないとりとめのなさとを両極とする因子である。

② アイゼンクの理論

さて、アイゼンクも、キャッテルと同様にして、因子分析法を用いて性格の構造的把握を試みた研究成果を残している。彼もまた、精神医学的診断や質問紙法、客観的審査、身体的差異などに関する資料を統計的に処理し、個別的反応、習慣的反応、特性、類型という段階から構成されるパーソナリティの四つの階層構造を設定した。ここでまず、個別的反応というのは、日常生活やテスト場面における各人の行動の特徴であり、次に、習慣的反応というのは、類似した状況下における共通の反復して出現する反応であり、また、特性というのは、いくつかの習慣的反応を相関させた場合の集まりであり、類型というのは、さらに相関性の高い特性の集まりのことである。

さらに彼は、多数の健常者と神経症者の研究から、内向性―外向性の因子と神経症的因子という二つの基本的因子を抽出し、類型の根拠としている。ここで、内向性―外向性とは、先のユング理論とほぼ同様のものであり、内向性は、持続性、硬さ、主観性、羞恥心、感じ易さという五つの特性から成立しており、また、外向性は、活動性、社交性、冒険性、衝動性、表出性、反省の欠如、責任感という七つの特性からそれぞれ成立しているとした。また、神経症的因子とは、新しい状況に直面した場合の安定性―不安定性を意味しており、自尊心の低さ、不幸感、不安感、強迫性、自立性の欠如、心気症、罪悪感の七つの特性から成立しているとした(図表 補1-4参照)。

(2) 性格因子法と外交政策論

さて、ここでは前節と同様にして、性格因子法の成果を国際関係論=外交政策論に応用する作業を遂行してみよう。ただし、性格因子法による研究成果は、性格の構成要素について理論化作業であるため、政策類型による検討よりもむしろ「政策決定者の資質として望ましいものは何か」という視点からの考察が適していると考えられる。

はじめに、キャッテルの支配性因子について、それぞれ検討したい。まず、因子1については、先のクレッチマーの理論ですでに検討したので省略する。因子2から因子7までについては、それぞれ左側の要素がある程度必要であり、情緒が安定的で、どちらかといえば服従性よりも支配性や優越性を持ち、ある程度積極的かつ冒険的な要素を強く持っている方が良いと思われる。しかし、因子8については、むしろ右側の要素である成熟した強い安定性が必要であろう。また、因子9については、再び左側の社会的に洗練された教養ある精神が必要であり、因子10については、「複雑怪奇」である国際関係の世界ではむしろ右側の疑い深さがある程度必要であり、そして、因子11については、やはり右側の平凡ながら手堅い傾向が必要であり、さらに、因子12については、左側の洗練された緻密さが必要であると考えられる。ただし、外交政策においては、漸進主義的な時間稼ぎも必要であるから、これは右側の気の効かなさや鈍重さも「演技手法」の一つとして効果のある場合もあるだろう（**図表 補1－5参照**）。

次に、アイゼンクの理論であるが、まず、内向性と外向性についてはすでにユング理論の際に検討したので、神経症因子についてのみ検討しよう。周知のように、国際関係は日々流転し、日進月歩で進化する現象である。したがって、新しい状況や予想し得なかった状況に直面した際に、政策決定者はそれを冷静な判断能力をもって受けとめ、毅然とした態度で政策を立案・決定・遂行しなければならない。ゆえに、一国の政策決定者として常に安定的な精神状態を保てる性格は、政策類型のいかんを問わず必要不可欠な資質であるといえるであろう。

4　政治的リーダーのパーソナリティ

ところで、以上のような性格＝パーソナリティのさまざまな類型や因子を考察する場合に、それがどのような要因によ

図表 補1－5　性格因子と外交政策

因子	政策決定者の適正
1	左より　→　明るい社交性
2	左より　→　聡明な思慮深さ
3	左より　→　現実的な情緒安定性
4	左より　→　支配的な優越性
5	左より　→　ウィットな快活性
6	左より　→　決断力のある責任感
7	左より　→　冒険的な率直さ
8	右より　→　成熟した安定性
9	左より　→　洗練された社会性
10	右より　→　疑い深さ
11	右より　→　平凡な手堅さ
12	左より　→　洗練された緻密さ

（筆者作成）

って形成されたのかという視点や問題意識は重要である。ここでは最後に、こうした性格形成の諸要因について考えるとともに、その国際政治学的＝外交政策論的なインプリケーションについて考察してみたいと思う。

(1) 性格形成の諸要因と外交政策

まず、遺伝的要素である。一般に、ある特定の人間の性格形成において、その人間の遺伝的要素――素質は最も重要な要因の一つであると考えられている。すなわち、遺伝に基づく素質がどのような形で表出されていくかは環境の条件によるが、同時に、環境からの働きかけがどのような効果となるかは、多分に素質のいかんに制約されるからである。

これを外交政策論に適用すれば、政策決定者がどのような人物の子供であるのか、家系一族の中に政治家やキャリア官僚などがいるのかどうかなどは、当該決定者が政策決定段階で下す判断の指標として活用することができるであろう。また、ある国家がどのような歴史的な背景を持った国家であるのか、過去において他の国々とどのような外交関係にあったのかなどという要素は、国家レベルにおける性格形成の遺伝的要素と考えられるであろう。

次に、個体的要素である。身体器官の構造や体力的な機能が、性格の形成に重大な影響を有する場合は多い。たとえば、体力的な優越性を有する人間が感情的な行動を取り易く、逆に、体力的に自信のない人間は臆病になる傾向があることは、容易に想像できる。

これを外交政策論に適用すれば、ある国の政策決定者が、体育会系人間＝スポーツマンタイプであるのか文科系人間＝思索家タイプであるのかという識別などは、彼の政策決定のいかんに大きな影響を与える個体的要素であると考えられるであろう。また、ある国家がどのくらいの広さの国土を有しているのか、そこで産出される鉱物資源の種類や量はどうか、政治体制や経済体制の制度的枠組はどのようなものであるのか、インフラストラクチュア整備や人的資本の教育レベルはどの程度であるのかなどという要素は、当該国の性格形成における個体的要素として考えられるであろう。

最後に、環境的要素である。これは個体の外側から働きかける要因であるが、自然的・地理的・物理的環境とともに、性格の形成には社会的・文化的・家庭的な環境が極めて重要な役割を果たしていると考えられる。たとえば、生まれた家庭がどのような家庭であったのか、家族構成はどのようなものであるのか、育児方法や育児態度、友人関係や学校関係、彼が育った社会の生活様式や宗教などの要因である。

これを外交政策論に適用すれば、政策決定者の家族や交友関係はいかなるものであるのか、彼が所属する政党や支持団体はいかなる組織であるのか、彼の決定によって利益と不利益を受ける人々はどのような集団であるのかなどは、その決定の種類や程度をはかる指標になると考えられるであろう。また、ある国家がどのような地理的な位置付けにあるのか、いかなる地域的な規模の国際関係の中にあるのか、隣接国にはどのような国がいるのかなどは、やはり国家レベルの性格形成における環境的要素であると考えられるであろう。

(2) 政治心理学的研究の課題

以上、この補論1では、パーソナリティ理論を中心として、心理学的な研究成果を国際政治学の一分野として応用する試みを展開してきた。政治活動や経済活動と同様にして、国際政治は諸国家の外交政策を中心とする人間の活動に他ならない。したがって、その総合的な把握を目指すためには、そうした社会活動を担う人間の心の姿や動きを説明するツールが必要になる。ここでは、その最も基本的な試みを展開したといえるが、現代心理学の理論や研究手法は、政治学や国際政治学と同様に日進月歩の速さで進化している。したがって、そうしたより新しい研究成果を十分に活用していく努力が望まれていると考えられる。特に、政策決定者の資質や政策決定過程における制度的枠組のいかんを論ずる際には、こうした人間の心理という問題にも洞察の対象を広げていくことが必要であろう。

注

(1) 現代心理学の動向については、梅本・他(一九九二)や詫摩・他(一九九〇)などを参照のこと。①②とも現代心理学に関するシリーズ本であり、特に性格理論については、①によってその概要を、②によってその詳細を、それぞれ特別な基礎知識がなくとも十分に学習できるようになっている。ただし、心理学的な研究領域が日本においてはじめて国際政治学、特に外交政策論へ応用された先駆的な業績としては、花井等『現代外交政策論』(ミネルヴァ書房、一九七五年)(特に「第五章」)があることを指摘しておく。ここでは、外交政策の手段としての「宣伝」とその相手国への効果という視点から、各国国民の他国に対する「心理的イメージ」という概念が論じられており、ここで論じたミクロの議論に対して、よりマクロ的な視点からの議論が展開されている。

(2) フロイト(Freud, S: 1856-1939)は、現代心理学に広範な影響を及ぼしたオーストリアの神経学者・精神分析学者である。ヒステリーの症例研究から無意識の重要性を認識し、欲動論、夢解釈学、防衛機制論などの理論を展開したが、特に性格分析の分野においては、パーソナリティ構造論をもって偉大な足跡を残した。しかし、その甚大な業績に反し、ユダヤ系オーストリア人であったがゆえに、人種差別意識の強い当時の祖国にあって、医者(今でいう心理カウンセラー)として生計を立てながら、生涯、ウィーン大学の非常勤講師として人生をまっとうした不遇の学者であった。主著に、『精神分析学入門』(一九一七年)などがある。性格分類法が、性格の普遍的な像を設定し、そこから個を説明しようとする「上から」の理論であるのに対して、性格因子法は、性格がさまざまな特性から構成されている複合体であると考え、特定の測定値=因子の集合として性格を表現しようとする「下から」の理論であると考えられる。したがって、前者は、総合的で演繹的な作業を通じて、性格を質的に把握しようとする方法であり、後者は、分析的で帰納的な作業を通じて、性格を量的に把握しようとする方法である。政策決定者の性格と政策決定

(3) 稀少であるとはいえ、政策決定者の性格や個人的資質が政策の立案・決定・遂行などに多大の影響を及ぼすという議論は、ある特定の集団におけるリーダーシップをめぐる議論として、国際関係論における外交政策論だけでなく、経済学における集団行動論や経営学における意思決定論など、さまざまな社会科学の分野で取り上げられている問題である。特に、国家や企業の意思決定という視点から、戦争研究や経営戦略論の領域などにおいて重要な業績が残されている。

(4)　クレッチマー(Kretschmer, E.)は、ドイツの精神医学者であり、天才、ヒステリー、妄想などに関する研究で名高い。臨床精神医学の立場から、人間の性格と体格との相関関係に注目し、いわゆる「クレッチマーの理論」を提示した。主著に、『体格と性格』(一九五五年)などがあり、同時代の高名なライバルであったシェルドン(Sheldon, W. H.)の『気質の種類』(一九四二年)などの先行研究と論争を展開した。

(5)　キャッテル(Cattel, R. B.)は、特に、第二次世界大戦後のアメリカにおいて、自然科学的な研究方法を用いた現代心理学の発展に偉大な功績を残した心理学者である。いわゆる因子分析の手法を駆使し、従来の類型学的なパーソナリティ理論に対し、性格の特性・因子に着目した独自の理論を展開した。主著に、『人格』(一九五〇年)などがあり、やはり同時代の高名なライバルであったアイゼンク(Eysenk, H. J.)の『人格の構造』(一九六〇年)などの研究成果と論争を展開した。

補論2　途上国における権威主義的開発独裁の事例研究
――マレーシアの国民車構想とマハティール首相のリーダーシップ

1　政治的リーダーのアントレプレヌアーシップ

さて、本書の本文で論じてきたようなリーダーシップという概念と、いわゆるアントレプレヌアーシップ（起業家または起業家精神）という概念は、非常に類似した要素を持っているといえる。このことは、いわゆるリーダーシップ研究がその本来の研究分野であった政治学の研究対象であることを越えて、広く経営学や心理学の分野における研究対象となったこととの重要な要因の一つである。すなわち、アントレプレヌアーシップというものの存在は、工業技術や経営ノウハウなどの分野にとどまらず、社会の発展や進化に不可欠な要素だからである。新しい産業や政治制度を創成したりするような大きな活動から、より合理的な生産工程を実現したりなどの細部の領域に至るまで、人間が社会の構成員としての生活を営む際に必要なすべてのものは、いつの時代のどこにおいても、こうした「進取の気性」を持った人々が旧来の固定観念をうち破るような勇気ある挑戦をし続けてきた故に獲得できたものに他ならないからである。

しかし、こうした人々の気性と活動は、本来的に従来とは異なる観念に基づくものであるから、現状体制側からの非難、中傷、妨害を受けることは必然である。現代の政治経済社会における基本的な理念である幾多の思想――民主主義、自由主義、社会主義、資本主義などもまったく例外ではなく、それが登場してきた当時はいずれもその斬新性がゆえに危険視され、それを唱える論者たちもまた、社会における危険分子として迫害されたのである。しかしながら、アントレプレヌアーシップに基づく新しい発想や、従来の慣習に毒されていない若年者の旺盛なる正義感や意欲などが、その社会におけるかけがえのない財産であることもまた、事実である。社会の発展や進化とは、そうしたもののみによって実現されるからである。したがって、望ましい社会システムの条件の一つが、こうした要素に対する寛大さや融通性を持つということであることは必定である。

ちなみに、我が国のように、こうした過去の経験とは異なる新しい発想や若年者の旺盛なる意欲を潰すような社会システムの国においては、独創的な技術革新や社会的進化が生起する可能性は、残念ながらはなはだ低いといえよう。日本では、多くの場合、他者と異なる意見を有する者は「和」を乱す錯乱要因とされ、また、過去の論理を否定するような発想を見い出す者は、先人への敬意が足りない無礼者と見なされてしまうからである。こうして、必然的にこの国では、従来の固定観念の枠に要領良く順応することができる人間が幅を効かし、また、そうした世の中の慣習に関する比較的多くの知識を有する年配者の意見が、若年層のそれよりもはるかに優先選択される傾向を強く有するようになったと考えられるのである。

しかしながら、一日でも早く先進国に追いつこうとしている開発途上諸国においては、このような悠長なことを言ってはいられない状況にある。そこでは、強力な中央集権的リーダーシップ＝政治的リーダーシップによって、当該国の稀少な資本や労働力を集中的かつ短期的に最も効率良く管理・運用する必要性が生ずることになる。ここに至って、ある程度の政治的民主主義を実現した独裁的なリーダーシップによる開発政策の推進――権威主義的開発独裁というコンセプトが正当化される論理が登場するというわけである。それは、いわば政治的リーダーによるアントレプレヌアーシップの発揮ともいうべき活動として位置付けることができよう。

以上のような問題視意識に基づいて、この補論２では、いわゆる途上国の権威主義的開発独裁体制におけるリーダーシップの意義を考察するために、マレーシアのマハティール首相（二〇〇三年一〇月三一日引退）が同国において遂行した多国籍企業を利用した国家的なプロジェクト事例としてのプロトン・プロジェクト（Proton Project）＝国民車プロジェクトを取りあげる。ここでは、日本の三菱自動車／三菱商事（以下、ＭＭＣ／ＭＣと略記）が、同首相からの要請に基づいて一九八〇年代から九〇年代にかけて遂行したプロジェクトの過程をたどりつつ、その分析結果を通じて、こうした政治的リーダーシップによる産業育成政策が、当該国における経済発展とともに政治発展＝政治的民主化にも資する事実を証明していきたいと思う。

2　マレーシア国民車プロジェクトの開始

一九八五年に生産を開始したプロトン（PROTON）は、マハティール首相およびマレーシア政府が掲げた国民車構想に応え、MMC／MCとマレーシア重工業公社（ハイコム、HICOM）の合弁というかたちで遂行されたプロジェクトである。当初、生産開始から八八年頃までは、国内不況の煽りからプロトンの業績は低迷していた。

しかし、マハティール首相の要請により、日本人スタッフを経営陣として派遣することを通じて企業内労使関係と販売業務政策の改革を遂行し、また、九〇年以降の景気回復に伴う自動車需要の急速な盛りあがりにも助けられて収益を拡大した。無類の自動車マニアとして知られるマハティール首相の強い要望とともに、プロジェクト自体の政策目的として設定されていた、①自動車関連技術・技能・ノウハウの習得や向上を通じたマレーシア自動車産業の合理的発展と自動車関連産業の育成・発展・裾野の拡大、②マレーシア市場のニーズを満たす独自の自動車モデルを購入し易い価格で提供すること、③自動車産業へのブミプトラの参加などの要請もある程度実現され、経営の安定化を見た九二年三月には、マレーシア政府の方針に沿って株式が公開された(1)。

現代マレーシアにおいては、マハティール政権の政策スローガンであるルック・イースト・ポリシーの下、西暦二〇二〇年の先進国入りを目指したキャンペーンがうたれており、アジア・ニーズ（NIE

Ｓ）の成功に続くマレーシアの経済発展を実現するための努力が展開されてきた。こうした状況下にあって、いまやプロトンの生産量は一五万台を越え、生産が需要に追いつかないほどの活況を呈している[2]。驚くべき早期の成功というべきであろう。

ところで、このような一連の過程において、日本のＭＭＣ／ＭＣは、プロジェクトの初期から融資、工場建設、技術援助、ＫＤ部品供給、人員派遣などの多岐にわたる支援を行い、また、現在でも製造・販売事業への資本参加を行っている。しかし、ここに至るまでの同社の努力は、尋常の尺度でははかり知れないものがあった。途上国における産業育成を手伝うという方針の下での企業活動、とくにプロトンの場合には、米国や欧州が一〇〇年かけ、日本でさえ五〇年もの歳月をかけて築いてきた自動車産業という最先端工業を、わずか一〇年あまりで軌道に乗せるという信じがたい要望に応えたわけである。次節では、一九八一年～九六年に至るこのプロジェクトの過程を①黎明期／離陸期・発展期、②成熟期の二期に分類してまず概観したい[3]。

3　プロトン・プロジェクトの過程と日本企業の活動

(1)　プロトン・プロジェクトの概要[4]

プロトン・プロジェクトは、途上国における「国民車構想」のマレーシア版として、同国の工業化政策の中心的な位置づけを与えられながら、マハティール首相自身の発意によりスタートした。初期の目的を実現すべく、独自のスタイリングを有する国民車サガ（SAGA）が開発され、同時に、国民車製造会社プロトン（PROTON）とその販売会社イオン（EON）が誕生した。

一九九五年五月には、新車種ウィーラ（WIRA）を追加し、同年一月には上級車種ペルダーナ（PERDANA、1・OL）も投入することとなった。三菱車の名称で換言すれば、サガ＝ミラージュ（MIRAGE）、ウィーラ＝ランサー（LANCER）、ペルダナ＝エテルナ（ETERNA）にそれぞれ対応する車種となる（**図表 補2-1**）。なお、日本のMMC／MCは、現在でも株主としての資本参加を行っている（**図表 補2-2**）。

第一期（黎明期・離陸期・発展期）一九八一年〜九三年

マレーシアに独自の国民車を創造しようという構想はかねてから存在していたが、マハティール首相は就任間もない一九八一年には、早くもこの国民車構想をルック・イースト・ポリシーの中核的事業として位置づけ、その実現のために税制の優遇措置を売り物として外国企業への具体的なプロジェクト・プログラムの提示を呼びかけていた。また、こうした国民車構想の協力な推進者としては、マハティール首相の右腕と目されていたアンワル副首相兼大蔵大臣の存在なども大きかった。

図表 補2-1　プロントン社の生産車種（1995年度末時点）

車名	SAGA/ISWARA	WIRA/SATRIA	PERDANA
ボディタイプ	4ドアセダン 5ドアハッチバック	3ドアハッチバック 4ドアセダン 5ドアハッチバック	4ドアセダン
エンジン トランスミッション	1300cc 5M/T 1500cc 5M/T, 3A/T	1300cc 5M/T 1500cc 5M/T, 3A/T 1600cc 5M/T, 4A/T	2000cc 5M/T, 4A/T

（注）M/T：マニュアル・ミッション
A/T：オートマチック・ミッション

MMC（1995）（社内資料）p. 3。

図表 補2－2　プロントン社主要株主構成（1995年8月時点）

株　主	HICOM	KHB	MMC	MC	一般
比　率	27.5	17.5	8.5	8.5	38.0

（注）HICOM：マレーシア重工業公社（旧）（HICOM BERHAD）
KHB：マレーシア政府投資管理運営会社（KHAZANAH HOLDINGS BERHAD）
MMC：三菱自動車工業株式会社（MITSUBISHI MOTOR CORPORATION）
MC：三菱商事株式会社（MITSUBISHI CORPORATION）

MMC（1995）（社内資料）p. 2。

さて、この呼びかけに回答した多数の外国企業のなかから、マハティール首相と中村会長による首脳会談を経て、最終的に日本のＭＭＣ／ＭＣが選ばれることになった。ついで、マレーシア政府側とＭＭＣ／ＭＣ側の両担当者による一層の具体的なプログラムが作成され、八三年五月には、ハイコム＝ＭＭＣ／ＭＣ間の相互負担という資本構成に基づく合弁事業関連の諸契約が実際に締結される運びとなった。

ここに、自動車製造企業プロトンとその販売企業イオンが誕生したのである（プロトンの正式な会社設立は八三年五月、イオンは八四年五月）（**図表 補２－２**参照）。プロトン社自身もさることながら、イオン社も五四の支社と一〇〇のディーラーを従える巨大企業であった。その後、生産車種の選択や販売プランなどの検討と並行して、工場の建設も始まった。

とくに、赤道直下のマレーシアという熱帯雨林気候の国における自動車の開発・生産作業上の技術的な課題として、その高い気温と湿度への対策が講じられた。それは、第一に、車載用マイコンをはじめとする電気系統の配線を湿地路面や雨などから保護するために一層の防水措置を施すことであり、第二に、暖房ヒーターを取り外して機能性の高い冷暖房設備を導入することであり、第三に、高温多湿気候に耐久性を有する素材の開発などであった。

図表 補2 - 2①　プロントンの輸出実績(1995年度末時点)

国　　名	輸出開始年	輸 出 量
バングラディッシュ	1986年～	256
スリランカ	1987年～	171
ブルネイ	1987年～	1,018
ニュージーランド	1987年～	1,059
マルタ	1987年～	120
ジャマイカ	1988年～	403
イギリス	1989年～	84,292
シンガポール	1989年～	11,634
ナウル	1989年～	24
モーリシャス	1990年～	716
バターン島	1990年～	56
マラウィ	1991年～	70
フィジー	1992年～	40
ベルムーダ	1992年～	60
トリニダードトバゴ	1993年～	145
ミャンマー	1993年～	22
キプロス	1994年～	348
ケニア	1994年～	30
アルゼンチン	1994年～	185
チ　リ	1994年～	756
フランス	1994年～	1,280
ドミニカ	1994年～	88
ベルギー／ルクセンブルグ	1994年～	948
タンザニア	1994年～	28
ドイツ	1995年～	4,686
オーストラリア	1995年～	2,213
フィリピン	1995年～	516
中　国	1995年～	99

図表 補2 - 3②　プロントンの各年総輸出実績（台）

1986	1987	1988	1989	1990	1991	1992	1993	1994	1995	総計
25	443	861	11,854	13,131	15,110	18,778	20,269	14,961	15,821	111,263

(筆者作成)

また、販売活動においても、リーゾナブルな車種および価格の設定、ディーラー店舗の配置や人員の確保など、さまざまな側面からの利潤追求活動の指針を計画的に検討することとなった。

さて、八五年七月には工場建設も完了し、ここに量生産第一号がライン・オフするとともに、同年九月には、早々に国内での販売も開始された。驚くべきことに、すでにその二年後の八七年一二月には、バングラディッシュ向けの輸出が開始されている（図表 補２－３）。プロトン・プロジェクトの当初の構想目的は、あくまでも国民車の実現にあり、輸出事業は明示的には含まれていなかった。しかし、このプロジェクトに単なるマレーシア独自の車を創造するという目的を越えて、そこにマレーシアの国民経済の発展に寄与する産業の創成という意義がある以上、輸出活動による国際収支の改善は望まれるべきものであった。

マレーシア政府側の強力なサポートとＭＭＣ／ＭＣ側による全面的な協力体制の下、このようにしてプロトンは出発したが、しかし、当初は販売業績も振るわない状態が続くとともに、この低迷状況にマレーシアの国民経済自体の不況の波（八五年～）が拍車をかけることになり、ここに至って、プロトンは座礁するかに見えた（図表 補２－４）。また、この時期は、折り悪く政治的な状況としても、アムノ党を地盤とするマハティール首相自身の足元も揺らぎを見せていた時代でもあった[5]。

一九八五年以降にマレーシアを襲った不況は、予想外に深刻なものであった。これによって多くの産業育成政策が見直されるなかにあって、しかし、マハティール首相とマレーシア政府はあくまでもプロトン・プロジェクトの存続を決意し、八八年八月、その起死回生の手段として経営権の全面的な日本人

図表 補2－4　マレーシア実質GDP成長率

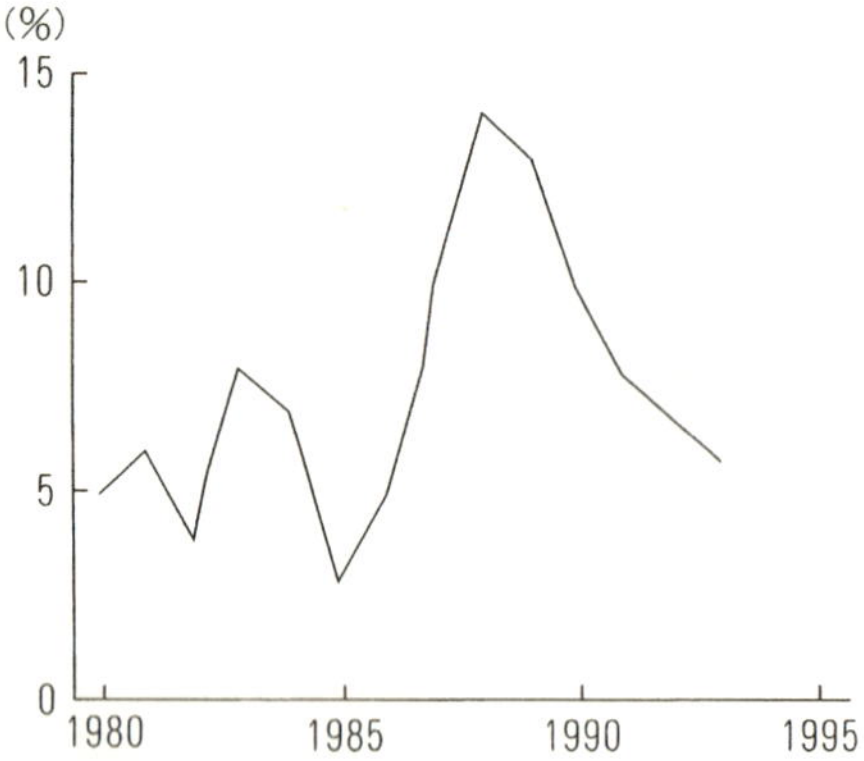

(『世界国勢図会』(1995/96)22頁のデータから筆者作成)

スタッフへの移管を遂行した。ここに、自己の体面を気にせず、当初の目的遂行のために最も合理的な方法と手段を果断に選択・実行するというリアリズム的思考に基づく政治的リーダーシップの典型例という意義を見出すことができる。さて、ＭＭＣ／ＭＣから派遣された経営陣の下で、プロトンは労務管理上および販売活動上の種々改革を遂行した。おりしも、同年一二月には累計生産量一〇万台を達成するなかにあって、ここにプロトンは、現代企業としての重要な要件である労使関係上の進歩を遂げることになった。いわゆる企業内組合の創設と第一労働協約の締結である。日本人スタッフは、このほかにも、ラジオ体操や朝会(ＱＣサークルの一種)などの制度を導入し、同時に、ムスリムの多いマレーシア人従業員のために簡易礼拝所などの設備も充実させた。

途上国の企業としてはこうした画期的な体裁を整備したプロトンは、国内の不況に耐えながらも明けて八九年一月、イギリス向けの輸出を開始した(右ハンドル車)。この時、マハティールと直接会談した当時のイギリス首相サッチャーは、輸入税〇％を実現してプロトンへの協力姿勢を示すとともに、旧宗主国としての意地を見せている。

周知のように現在のマレーシアは、かつてのイギリス植民地マラヤであり、車両は全国左側通行の国である。したがって、プロトンの商品は全車右ハンドル車であり、こうした事情からプロトン車の輸出仕向先として同じ左側通行国であるイギリス、エール、シンガポールなどが早くから開拓されたわけである。なお、英国への輸出は、その品質重視の戦略が市場における評価を獲得し、後に、イギリス乗用車市場の一％シェアを占め、また、プロトンの全輸出台数の六割を占める代表的な海外輸出先となる（九六年現在）（**図表 補2-3**）[6]。

さて、八九年六月になると、プロトンは主要エンジン組立ての国産化を断行し、この業務の増加に伴い、同年八月には、昼夜二交替勤務制度の制定・開始を実現し、本家であるＭＭＣとほぼ同様の業務遂行体制を整備することに成功した。こうして国内経済の低迷期を乗り切ったプロトンは、余勢を駆って一九九〇年五月には累計二〇万台を達成し、また同年一〇月には、中小物プレス部品製作関連会社（ＰＨＮ）を設立し、さらに、同年一二月には、エンジン・トランスミッションのための新工場を完成させた。マレーシア政府の全面的なサポートと日本側経営陣による強気な拡大戦略とが功を奏し、九一年七月、ここに累計生産三〇万台を達成することになった。驚くべき早さの生産量拡大というべきであろう。この背景には、特にＭＭＣ／ＭＣ側からのアドヴァイスを中心とした販売努力による市場の拡大という要素が存在していた。たとえいくら商品を造っても、それが売られなければ利益とはならないのである。

九二年二月には、さきのＰＨＮが稼働開始をおこない、三月には、マハティール首相およびマレーシア政府の念願でもあったクアラルンプール(KL)市場への株式上場が実現した。八七年の不況から、ここに至るまでの日本人スタッフの努力は、単に親会社の足を引っ張る子供の躾をおこなうという意味からだけでは説明できないものがある。そこには、途上国における自立的な一つの産業を興すという一大事業への正義感と使命感が存在していたであろうことは想像に難くない。

同年六月には累計四〇万台を達成し、翌七月には、プロトン・サプライヤー団体としてのペルサタータン・ペルベカル・プロトン(PERSATURN PERBEKAL PROTON)の設立が実現した。さらに、翌八月には、本家MMCの日本におけるベース車ミラージュのモデル・チェンジに伴って、ここまでプロトンの成功を支えてきた国民車サガのメジャー・チェンジが遂行され、イスワーラ(ISWARA)が発表・発売された。また、同年一〇月には、部品の全面的な国産化を目的とした鋳造工場の建設も開始された。

九三年四月になると、プロトンの新しいリサーチ・アンド・ディベロップメント(R&D)センターが開所され、生産・販売活動に続いて、マーケティングや技術開発の分野における現地化もすすめられた。また、同月には、社内におけるインベンター・アワード(INVENTOR AWARD)や日本のMMC/MCへの派遣を中心とした奨学制度が設置され、これに伴い、多数のマレーシア人スタッフが日本への留学を実現できるようになり、総数にしておよそ三〇〇人を数える日本研修生が誕生した。次いで同年五月には、鋳造工場の鍬入式もおこなわれるとともに、ニュー・モデルたるウィーラ(WIRA、E－CARベース)が開発・販売され、取り扱い車種の幅も広がった。ここに同月、プロトン累計生産五〇万台を達成し、ついで、同年七月、MMC／MMC側派遣の日本人社長から現地マレーシア人社長(ジャミル氏)への経営権のバトンタッチが整然としておこなわれ、MMC／MMCはそれぞれ一株主となった(図表補2-1)。

当初からの約束事項であるとはいえ、この時点における所期の役割を終えたMC／MMCによる経営移管のそれは、まさしくみごとな撤退であった。MMC／MMCは、マレーシア政府との当初の約束どおり、プロトンを成功させたのである。しかしながら、より注目すべきは、このような外国の多国籍企業の力を利用しつつ、自国の産業振興と経済発展の基盤を整備したマハティール首相の見事なリーダーシップ技能であるといえよう。

第二期(成熟期)一九九四年～九六年

日本人の直接経営からマレーシア人への経営権の移管が遂行されるのに伴い、とくに部品の現地生産化が積極的にすすめられることになった。自立への実質的なテイク・オフ(離陸)である。一九九四年四月には、すでに建設中であった鋳造工場が完成し、同年七月には、早々にエンジンブロックの量産稼働が開始された。この間、同年六月には、南米(アルゼンチン)向けの左ハンドル車の輸出も開始されている。左ハンドル車の開発はプロトンにとって画期的な意味をもっており、これは、同年一〇月のヨーロッパ大陸(フランス)向け輸出の本格的な開始という業績に結晶していく。このような状況のなかにあって、同年一二月には、国内年間販売台数も一〇万台の大台を越えることになるのである。

明けて九五年一月になると、かねて開発中であった時期の上位車種であるペルダーナ(PERDANA、

F‐Car／エテルナベース）の発売が開始された。そして、同年七月には、ついに量産一号車のラインオフから一〇周年を迎え、同年九月には、プロトンの生みの親であるマハティール首相臨席の下、生産一〇周年記念式典が盛大に開催され、これをもってプロトンはひとつの区切りを迎えたのである。それは、国営企業からの脱皮であった。同年一〇月に、プロトン社の筆頭株主であるハイコム・ホールディングス社（HICOM HOLDINGS）の民営化がすすめられ、マハティール首相の一番弟子として知られるヤハヤ氏による株式の取得・再編が断行された。また、翌一一月には、そのヤハヤ氏がジャミル氏に代わってプロトンの会長に就任した(7)。

九五年以降のプロトンは、そのヤハヤ会長の下で、提携相手としての日本企業一辺倒政策からの脱皮をはかった。このような政策転換の背景には、技術上の一極集中構造の打破や現在も株主として関わりを持っているMMC／MC側からの影響を緩和しつつ、マレーシアの独立企業としての自立性を高めようという意図が存在していた。たとえば、九六年四月には、プロトンは独自にシトロエン社（CITROEN）との共同開発による新型の車種ティアーラ（TIARA、1・1L）の発表・発売を開始、また、生産拠点としての中国との提携なども計画している。しかし以下に論ずるように、それら提携事業がMMC／MCとのようにスムーズに進行していく保証はなく、むしろプロトンの将来は楽観の許されない状況にあると考えられる。また、このようなプロトンの苦境は、就任間もないヤハヤ会長の飛行機事故による死去に伴って深化した。

第三期（プロジェクトのその後とイオンおよびUSPD概要）一九九七年〜

ところで、その後のプロトンは、総数四、七六六名の従業員を抱え（九五年八月時点）三六万二〇〇〇㎡の総敷地面積に大規模な鋳造工場地やテスト・トラック敷地を設備し（**図表　補２－５参照**）、また、合計一二の合弁会社に出資も行い、名実ともにアジアを代表する大企業となっていった（**図表　補２－６参照**）。現在、指導員役としての日本人派遣社員は二五名（ＭＭＣ二四名、ＭＣ一名）であるが、主要役員に加わっているのは経営顧問としての一名だけであり、生産能力も国内重要の増加や輸出台数の拡大に応じて順次向上している（**図表　補２－７〜10**）。

また、国民車プロジェクトの重要な派生目的であるブミプトラ企業を中心としたマレーシア国内の自動車部品産業——サポーティング・インダストリーの育成に欠かすことのできない部

図表　補2－5　プロントン社工場敷地面積内訳

全体敷地面積　862,9500m²	
鋳造工場敷地	95,500m²
テスト・トラック敷地	216,500m²
建屋面積　345,000m²	
メイン工場	345,200m²
エンジン工場	9,600m²
鋳造工場	18,100m²

（筆者作成）

図表　補2－6　プロントン社が出資している主要子会社（1995年8月時点）

社　　名	出資率	事　業　内　容
PRONTON CORPORATION SDN. BHD.	100%	国内、輸出向けプロントン社の卸売・マーケティング
PRONTON PARTS CENTER SDN. BHD.	55%	プロントン車用補用部品、アクセサリーの卸売
PRONTON CARS EUROPE LTD.	70%	プロントン車のヨーロッパ大陸市場販売総代理店
PRONTON CARS UK LTD.	70%	プロントン車のイギリス市場販売総代理店

（筆者作成）

図表 補2－7 プロントン社の役員構成（人）

HICOM	PRONTON	MOF	MMC	MC	一般	合計
4	2	2	2	2	2	14

MMC(1995)(社内資料)p. 2。

図表 補2－8 プロトン社の生産能力拡大（万台）

	(2直稼働)
操業開始時	8
1991年7月	10
1993年5月	12
1995年1月	15
1996年3月	18

MMC(1995)(社内資料)p. 3。

図表 補2－9 プロトンの生産量実績（Calendar Year）

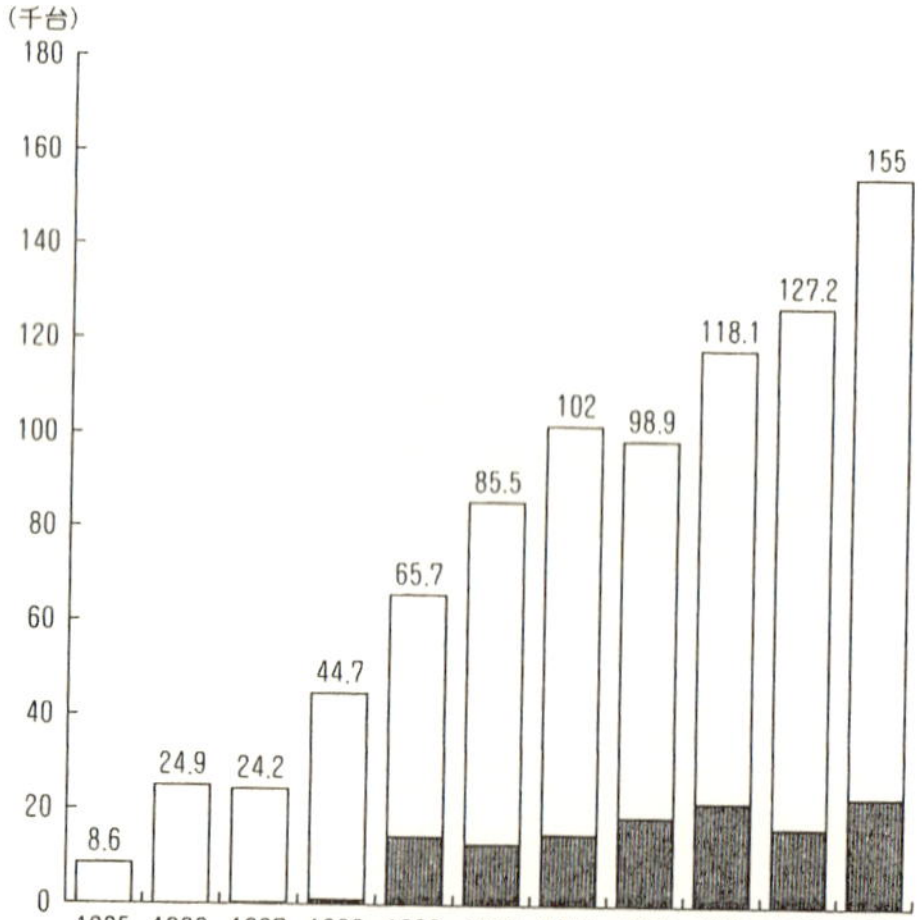

	1985	1986	1987	1988	1989	1990	1991	1992	1993	1994	1995
□ 国内	8.6	24.9	23.9	43.7	51.3	72.6	87	80.2	96.3	110.7	132
■ 輸出	0	0	0.3	1	14.4	12.9	15	18.7	21.8	16.5	23

HICOM(1995)(社内資料)p. 8。

品の国産化政策も積極的に推進した。九五年二月時点で、国産化部品点数は延べ三〇一〇種を数え、ベンダー社数も一三四社（日本企業との合弁企業一五社および技術提携企業三五社を含む）となり、部品の国産化率は、国内ＬＭＣＰ（LOCALMA TERIAL CONTENT POLICY）ベースで八〇％、輸出ＧＳＰ（GENERALISED SCHIME OF PERFORMANCE）ベースでも六〇％を実現し、ここに一応の成果を達成している。

また、プロトン車の国内販売を全国一三四カ所におよぶディーラー・サービス・ネットワークを駆使し、その総販売代理店として支えるイオンは、マーケティング・営業・各種サービス活動を行っているが、同社の当時の概況は以下のとおりである。イオンの正式な設立は、すでに述べたように本家プロトンに先立つ八四年五月一六日であり、九〇年七月二六日付けでＫＬ市場への株式上場を果たしている。資本金は、授権資本二億五〇〇〇万マレーシア・リンギットおよび払込資本二億二〇〇〇万マレーシア・リンギットであり、主要株主構成は図表 補2-11に示すとおりである。また、九一年〜九四年までの売上状況は、図表 補2-12のとおりである。

さらに、一九九四年九月から発売が開始された三

図表 補2-10 プロントン社売上高・損益

（3月決算）（1994年度末時点）
単位：100万リンギット

（連結）	1991/92	1992/93	1993/94	1994/95
売上高	2,192	2,287	3,097	3,708
取引前利益	408	311	282	308
取引後利益	259	265	247	234

MMC（1995）（社内資料）p. 2。

図表 補2-11 イオン社主要株主構成

（1996年6月時点）
（％）

株主	HICOM	KPSB	JARDINE	KHB	一般
比率	30.4	16.6	9.0	7.0	37.0

MMC（1995）（社内資料）p. 4。

図表 補2－12 イオン社売上高・損益

（12月決算）（1994年度末時点）
単位：100万リンギット

（連結）	1991	1992	1993	1994
売上高	2,570	2,684	3,663	4,440
取引前利益	174	181	206	287
取引後利益	104	108	183	238

MMC（1995）（社内資料）p. 4。

図表 補2－13 USPD主要株主構成

（1996年6月時点）
（%）

株主	PRONTON	DRB	ERAT BAKTI
比率	30.0	51.0	19.0

MMC（1995）（社内資料）p. 4。

ドア・ハッチバック車のサトリア（SATRIA）は、イオンとは別にUSPDがその販売・各種サービスを行っている。同社の当時の概況は以下のとおりである。USPDの正式な設立は一九九三年一一月四日であり、資本金は授権資本一億マレーシア・リンギットおよび払込資本一〇〇〇万マレーシア・リンギットであり、主要株主の構成は**図表 補2－13**に示すとおりである。イオンおよびUSPDを合わせての販売状況はある意味で独占的なものであり、市場動向に即した高性能・高品質かつ優位な価格の商品の取り扱いを武器に、マレーシア国内の乗用車市場シェアの七〇％を占めている（**図表 補2－14**）。

最後に、プロトンの成功によってモータリゼーションの第一歩を踏み出したマレーシアは、すでにGNPの一〇％以上を自動車産業が占めるほどの興隆ぶりを示す国になっていることを付け加えておく[8]。

図表 補2－14① マレーシア市場における自動車販売量（Calender Year）

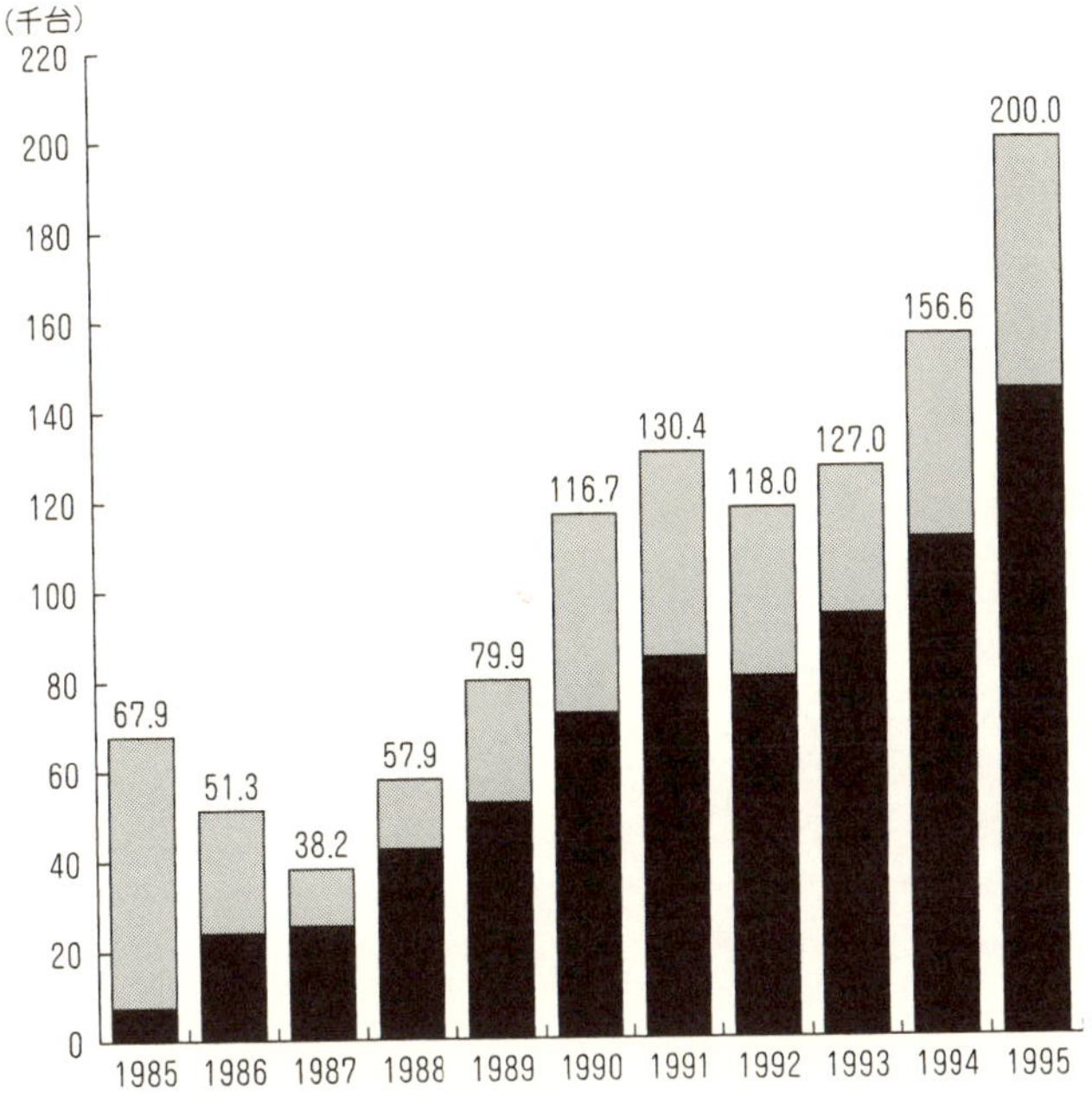

MMC（1995）（社内資料）p. 6。

図表 補2－14② マレーシア市場における自動車販売量　（表示）

	1985	1986	1987	1988	1989	1990	1991	1992	1993	1994	1995
プロトン実績	7.5	24.1	24.9	42.5	52.7	72.5	84.8	80.4	94.1	111	144
他社実績総数	60.4	27.2	13.3	15.4	27.2	44.2	45.6	37.6	32.9	45.3	56.0
市場シェア％	11	47	65	73	66	62	65	68	74	73	72

MMC（1995）（社内資料）p. 6。

4　プロトン・プロジェクトの政治経済的意義

ところで、以上のようなプロトン・プロジェクトが遂行された意義としては、以下のような事項の指摘が可能であろう。第一に、国際経済のなかのマレーシアとプロトンという意義である。一九七〇年代後半から八〇年代にかけて興隆したアジアＮＩＳＥの発展の勢いは、そのままタイ、インドネシア、マレーシアなどのＡＳＥＡＮ諸国へと受け継がれていくこととなった。とくにマレーシアは、八〇年に首相に就任した期待の大物リーダーとしてのマハティールが提唱するルック・イースト・ポリシーの下、西暦二〇二〇年の先進国入りを目指して活発な社会資本の整備と産業振興政策が遂行され、その発展動向が大きな注目を集めることとなった。その頂点の一つが、マレーシア独自の自動車産業育成のための政策であったといえよう。

(1)　プロトン・プロジェクトの対内的および対外的意義

周知のように、現代のマレーシアは、国民総生産(ＧＮＰ)が六〇〇億ドルに達し、国民一人当りのＧＮＰは優に三、〇〇〇ドルを越える良好な経済力を誇り、東南アジアを代表する国家のひとつとなっている(図表　補2-15)。しかしながら、わずか二〇〇〇万足らずの人口によって示される国内市場規模の限界という社会的な制約要素は、この国の発展の将来に大きな課題を投げかけているといえる。それは、一億九〇〇〇万の人口を誇る大きな将来性を秘めた市場可能性を有するインドネシアなどとは対称的で

図表 補2-15 各国概況（1995年）

	面積（千km²）	人口（千人）	人口密度（1km²）	GNP（億ドル）	国民一人当たりGNP（ドル）	貿易額（百万ドル）	
						輸出	輸入
マレーシア	330	＊19247	58	601	3160	47122	45657
インドネシア	1905	189136	99	1370	730	33612	28086
韓国	99	44056	444	3381	7670	82189	83784
タイ	513	58584	114	1202	2040	37173	46058
日本	378	124536	330	39267	31456	362286	241652

（『世界国勢図会』46-47頁のデータから筆者作成）

ある。

もちろんインドネシアの場合には、ＧＮＰが一三〇〇億ドルに達するにもかかわらずその人口圧力がかえって災いし、国民一人当りＧＮＰは七三〇ドルにとどまっているが、しかし今後の可能性という視点から見れば、その人口規模は大市場へ発展していく期待を有する要素である（**図表 補2-15**）。したがって、他国と比較した場合、マレーシアの人口の少なさは将来的には制約要素になると考えられる。

このような事情に鑑みれば、当時のマレーシアが、将来におけるより一層の発展を実現するための活路として育成するべき業種は、付加価値が大きな商品を取り扱うような産業であり、また、それ自体のみならず、他の産業をも振興させ得る誘発剤ともなるべき性格を有する裾野の広い産業である。そして、なによりもマレーシア国内の小さな市場を越えてより広く国際市場に参入できる可能性をもった商品を取り扱う産業であった。したがって、それは自動車産業に他ならなかったのである。ここに「マレーシアのためのプロトン」という意義が存在していた。

第二には、国際経済のなかの日本とプロトンという意義である。戦後、奇跡的な経済復興を実現したわが国にとって、国際金融上の円安という要素が果たした役割は大きなものがあったといえる。しかし、七〇年代から八〇年代の国際政治経済におけるアメリカの覇権力の衰退は、このような一種の優遇制度を根底から見直す要請を生むに至り、ここに八五年、先進五カ国蔵相・中央銀行総裁会議(G5)によるプラザ合意が成立した[9]。円安は円高となり、その波及効果としてバブル経済の波が押し寄せたが、一過性の好景気は長続きせず、今日、構造不況の時代が到来して久しい。国内において商品を生産し、それを外国へ輸出して大きな利潤を獲得するという構図はここに崩壊していく。

このような過程にあって、日本企業としてはより一層のコスト・ダウンを通じた国際戦争力の強化を実現するために、国内よりも労働コストの安いアジア地域を中心とする途上国への生産拠点の移動を経営戦略とすることを余儀なくされた。そして、こうした民間企業側の事情が変化することに伴い、日本政府としても、世界経済の成長のエンジンとして、また、自国の製造業関連企業の生産拠点としての役割が期待されるアジア諸国との関係の深化と拡大を補強するという課題が生起することとなった。

すなわち、政府間の良好な外交関係の醸成と、当該国から経済侵略と非難されることのない形態の多国籍企業活動の再構築とを両立させるという課題である。ここに、途上国の産業や企業が自立するために日本の多国籍企業がそのサポートをしていくという要請が生起することとなった。プロトン・プロジェクトは、そうした要請にこたえる重要な意義を有していたと考えられる。すなわち、ここに「日本のためのプロトン」という意義が存在していたのである。

さらに、第三に、国際経済のなかのＭＭＣ／ＭＣとプロトンという意義である。すでに述べたように、八〇年代から九〇年代にかけて、円安、プラザ合意、円高、それに続くバブル経済およびその早期の破綻、そして構造不況という目まぐるしい道程を歩んだ日本経済の渦中にあって、わが国の企業、とくにメーカーは、海外における生産活動を通じたコスト節約による国際競争力の再強化という課題をつねに念頭におきながら、その活動を展開する必要に迫られることとなった(10)。とくに、かつての鉄鋼、造船に続き、現代日本経済を支える屋台骨産業としての位置づけを誇る自動車業界においては、アメリカ市場およびヨーロッパ市場への進出に伴う現地生産化に続いて、より一層のコスト節約と利潤拡大を目指したアジア市場への進出ならびに現地生産化という経営戦略を展開することになった。

ところが、一方ではこうした経済進出は当該途上国の政治経済発展に資するとともに、他方では、それが経済帝国主義の批判を受ける温床となったことは想像に難くない。そこで、いわゆる「途上国の自立を手伝うような形態の援助」という国際協力の規範的意義が論じられるに及び、いよいよそうした公的活動(ＯＤＡ)の規範が民間の多国籍企業の活動にも要請される必要が生じてきたといえよう。

おりしも、当時は日産、トヨタ、ホンダなどの他の日本の自動車企業とともにアジア進出の歩を踏み出しており、また、かつて韓国の現代自動車(ヒュンダイ社)を手掛けた経験を有するＭＭＣ／ＭＣが、マレーシアの国民車プロジェクトにおいて奇しくも再びこうした役割を果たすことになった。ＭＭＣ／ＭＣにとっても、アジアにおける直接投資の機会として、また、同時に、民間の国際協力の機会としても、これに参画する重要な意義をもっていた。すなわち、ここには「ＭＭＣ／ＭＣのためのプロトン」という意義が存在していたのである。

(2) プロトン・プロジェクトの問題点と評価

以上で見てきたプロトン・プロジェクトの沿革について、若干の評価を加える。第一に、マレーシアの国民車プロジェクトの提携相手として、日本企業のなかからMMC／MCが選ばれた理由に関する点であり、また、同時に、それがマハティール首相の個人的な希望でもあったという点である。同政府および同首相が、いくたのプログラム例を提示してきた外国企業のなかからどれを選ぶかを判定する際にもっとも重視した基準が、そのプログラムにどれだけマレーシアに自立的な自動車企業を育てようかという意欲が提示されているかにあったことは想像に難くない。我々は、マレーシア側のそうした希望にもっとも適する回答を提示し得たのが、ほかでもない日本の多国籍企業たるMMC／MCであった事実を記憶するべきであろう。

第二に、一般に、東アジア途上国(とくにNIES諸国)の経済発展には当該国の産業政策があまり寄与しなかったという見解(たとえば世界銀行など)もあるが、プロトン・プロジェクトにおいては、むしろマレーシア政府の政策的バックアップが大きな効果を上げたと思われる点である[(11)]。すでに指摘したように、当該国政府の強力なサポートなくしては、自動車産業のような膨大な裾野を必要とする産業を育成することは不可能であったといえよう。具体的には、税制面での優遇措置にとどまらず、その他種々の側面からの優先的な産業政策としての取り扱い(公的サポート)が存在したことは想像に難くない。その意味で、プロトンは、途上国における当該国家の産業政策が成功した貴重な事例であろう。とくに、物品税を半額とし、輸入税を〇％（後に一三％に値上げ）に抑えたことは大きかった（他の物品は一律四二％課税）。

第三に、サガ級の大衆乗用車を生産・販売商品の第一の先導役としたことが、プロトンおよびＭＭＣ／ＭＣの手によるマーケティング調査の結果と自動車産業を育成するための政策の標準的な方策にのっとった手段であったという点である。このような実現主義――大衆乗用車をメイン車種にもってくることなくしては、わずかな期間に自動車産業のような巨大な産業を自立的な軌道に乗せていくことは不可能であったといえよう。大量生産はあくまでも大量消費の裏づけがあってのみ、実行可能な経営戦略だからである。

ちなみに、わが国におけるモータリゼーションの先導役であった日産のダットサン・ブルーバードやトヨタのクラウンは、その排気量、価格設定、車両スケールとも、大衆車の名にふさわしいものであった。その意図は、ブルーバードやクラウンがより上位の高級車種へ格上げとなった後にも、それぞれサニーやカローラへと受け継がれた。また、二〇世紀のアメリカを自動車王国に押し上げる契機となったのは、単純性能と低価格を誇った有名なＴ型フォードの登場であり、決して高性能を誇る高級車でなかったのは注目に値する。フォードシステムの核心たる大量生産＝供給は、あくまでも大量消費＝需要によって支えられているのである(12)。

なお、サガは一台当り約三万リンギット（日本円でおよそ一二〇万円程度）という価格設定であり、これは一人当りＧＮＰが三〇〇〇ドル程度の国の国民にとって大変高価な商品のように感じられる。しかし、マレーシアでは、たとえば学校教育費は基本的に国家負担であり、また、市営住宅の値段なども一ユニット当り約二〇〇〜三〇〇万円程度と住宅費も安く、したがって、日本などの事情とは異なり、乗用車ローンの負担が割合に軽くてすむという事実は指摘するに値しよう。

第四に、プロトン・プロジェクトの遂行に当り、日本政府による政策支援はほとんどなく、それがあくまでも当該多国籍企業と当該国政府ならびに現地資本との相互協力によって遂行されたという点である。ここにわれわれは、アジアの国際協力活動における新しい形態の可能性を見ることができる。それは、国家と国家の間における国際協力ではなく、多国籍企業と現地資本との「民際協力」というコンセプトである。

第五に、実際に商品開発をおこなう過程で、熱帯地の販売商品としての乗用車という性格——たとえば技術的側面から、日本国内、米国、欧州などで販売される商品と異なる仕様の研究が徹底して行われたという点である。それは、高温多湿な気候風土から車載用マイコンをはじめとする電気系統の配線を守るための防水設備の強化であり、ヒーターの取り外しとクーラー機能の強化であり、飯金技術の工夫であり、暑い気温にも対応できるシートやボディの素材(ゴムやプラスティック製品を含む)の開発研究であった。

このような高温多湿気候に耐久性を有する商品開発の経験は、今後、同様の気候風土を有するアジアの諸地域への輸出活動を展開するべきプロトンおよび日本企業の双方にとって、まことに重要な経験となったといえよう。なお、こうした開発研究活動の主体は、むしろMMC／MCの下請け部品メーカーであったことも指摘しておきたい。

第六に、企業経営という側面――たとえば労務管理や販売政策において、いわゆる「日本的経営」のマレーシア版ともいうべき労使関係を中心に据え、そこにインダストリアリズム――産業主義を通じた一種のリベラル・デモクラシーの意義を現地従業員に持たせる努力を展開したという点である[(13)]。また、同時に、そうした方策をもって、マレーシアの社会構造や人的資本の性格を現代的な自動車企業の社員としてふさわしい資質に高めていく努力がなされたという点である。すなわち、経済発展の実現は、国民が自分の生活にある程度余裕がもてるようになることを意味する。

また、企業組織の近代化は、組合活動などを通じて労働者である国民が社会的な存在としての自己を自覚することに寄与する。これらのことは、ひいては国民意識の醸成という結果を招き、こうして地場産業や現地企業の自立を通じた経済発展は、一種の政治発展を導出していく可能性を持っているのである。いずれにしても、ＭＭＣ／ＭＣの改革を通じて、プロトンのマレーシア人従業員に長期的かつ計画的な経営意識が育まれたことは重要である。

最後に、プロトン・プロジェクトの成功による政治経済的効果について、当時の実際の統計数字を見ながら総括する。まず、プロトンの操業に伴って、マレーシアの自動車生産台数は組立・生産の総数値で見ると一九八〇年から九三年までの期間に三倍近くにまで拡大しており、とくに八五年の創業開始から九〇年にかけての期間には倍増している。これは、日本国内の生産が、八五年から九三年までの期間にマイナス成長となっている事実と対称的である（図表 補２－16）。そして、このような生産量の増加に

図表 補2－16 自動車製造(生産＋組立)台数（千台）

	1980	1985	1990	1992	1993	年間増加％ 85-93年
日　本	11043	12271	13487	12499	11228	-1.1
韓　国	123	378	1322	1730	2050	23.5
タ　イ	72	82	305	328	420	22.7
マレーシア	101	105	205	171	180	＊7.0

（『世界国勢図会』(1995/96) 27頁のデータから筆者作成）

図表 補2－17 自動車保有台数（千台）

	1970	1980	1985	1990	1991	1992
日　本	8779	23660	27845	34924	37076	28964
マレーシア	279	729	1141	1811	1819	＊1850
韓　国	61	249	557	2075	2728	3461
タ　イ	204	397	485	827	825	891

（『世界国勢図会』(1995/96) 31頁のデータから筆者作成）

図表 補2－18 各国の乗用車１台当たり人口（1992年）

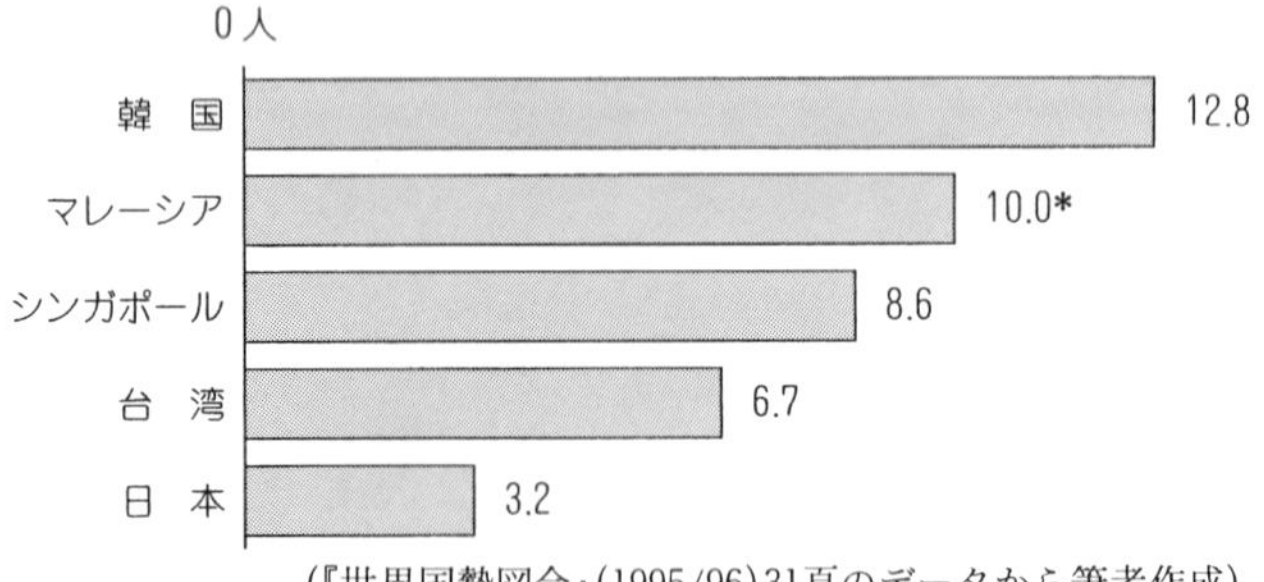

（『世界国勢図会』(1995/96) 31頁のデータから筆者作成）

伴い、乗用車の保有台数も比例的に増加しており、やはり八〇年から九三年までの期間におよそ三倍に増加している（図表 補２ - 17）。マレーシアの人口総数が少ないことも手伝って、もはや乗用車一台当り人口では、他のアセアン諸国および韓国、ホンコンなどのニーズ諸国を越えて日本、台湾、シンガポールに次ぐ東アジア第四位の値を誇っている（図表 補２ - 18）。

こうした自動車産業の興隆は、裾野の広さを誇る同産業の特徴を反映して、たとえば工業化の基礎である粗鋼生産量の拡大などにもつながっている。同値は、八五年から九三年までの期間に四倍強の増加（八〇年から見れば約九倍増）を達成している。八五年の不況時に多くの他のプロジェクトが頓挫した中にあって、マハティール首相とマレーシア政府がプロトンだけはあくまでも日本企業の助力を得てなお遂行し続けたことは、同国の経済発展に大きな意義を持つ政策選択であったといえよう。

しかしながら、プロトン・プロジェクトの成功が及ぼした負の効果も見逃してはならないであろう。たとえば、マレーシアの交通事情は、幹線道路などをはじめとする社会資本の整備（同国の過去の国策による遺産）という要素に支えられてタイほど渋滞苦情は顕著ではない。しかし、交通事故の件数は増加している。九三年の数値でいえば、東アジアでは日本、韓国についで実に第三位の数値を示しており、人口一〇万人当りの死者数は日本を抜いて韓国につぐ東アジア第二位（日本の約三倍）の値となっている。現在アメリカや日本をはじめとする先進諸国では、自動車の安全性基準がまことに厳しくなり、前席両ＳＲＳエア・バックやアンチロック・ブレーキング・システム（ＡＢＳ）などの装置が標準装備とされる商品が常識となっている。しかし、途上国において生産・販売される自動車商品においては、これらの装備はほとんどの場合にオプション設定か、もしくは同じ車種でも上級グレード(高価格)にようやく標準装備されている場合も多く、供給側のコスト削減という意味からも、こうした安全装備が軽視される傾向があるといえよう。

また、マレーシアの一次エネルギーの消費量(石油換算値)は八〇年から九三年の期間に三倍増しており、とくに、八五年から九三年までの期間に約二倍強の急速な伸びを示している。ちなみに、八五年から九二年までの年平均増加率は日本の三倍近い値である。これに伴い、やはり八〇年から九〇年までの一〇年間に原油の生産量自体も約二倍強の増加を示している。

さらに、プロトンが成功したという影響もあり、日本、ドイツ、フランス、スウェーデンなどからのマレーシア向け乗用車の輸出量は確かに減少したが、同国の貿易収支の輸入額構成を見ると、依然として自動車は機械類、鉄鋼に次ぐ第三番目に位置しており、輸出額構成では、やはり機械類や石油をはじめとする一次産品が圧倒的なシェアを占めており、自動車輸出の額は統計順位として見ることができないほどの少額であることが判明している。なお、ここで、アジア諸国の今後の発展が石油をはじめとするエネルギー資源の確保のいかんによることを一早く見抜き、それに警鐘を鳴らしたわが国の業績がすでに存在していることは指摘に値するであろう[14]。

最後に、農業指標を見た場合の問題としては、以下の点があげられる。例えば、就業人口に占める農業人口の割合が八〇年から九三年の期間に激減しており、いわゆるペティー＝クラーク流の経済発展論の視点からいえば、この事情をもって確かにマレーシアにおける産業構造の高度化＝近代工業化の一端を判定することができる。しかし、同じ期間に耕地面積がほとんど増加しておらず、したがって、穀物自給率の激減という結果をもたらすことになったのも事実である。この事実は、急速な近代化という政策が、また同時に、急速な先進国病（環境破壊、エネルギー資源の枯渇、農業食料の不足など）への道を突き進む政策でもあることを物語っているといえよう[15]。

5　途上国における政治的リーダーシップの政治経済的効果

プロトンのようなプロジェクトの成否は、当該途上国の政治的リーダーを中心とする政府自身の政策的な努力とともに、多国籍企業の側の努力――その産業が地場産業として自立できるようにするための政策論という問題意識をつねに念頭におきながらの企業活動という姿勢を堅持していくことができるか否か、また、そうした姿勢を当該企業が維持できるような外的環境が国内的および国際的に構造性を有するかたちで整備されているか否かにかかっているといえよう。単に政治的リーダーのみが力量を発揮すればそれで事足りるほど、途上国においてひとつの産業を興隆させるということは甘いものではない。

なお、最後に、プロトンを成功させた日本企業の活動は、多国籍企業がＯＤＡなどの公的な支援と並ぶ非公式な国際協力活動としての役割を果たす可能性を改めて確認させ、今後、こうした方面の理論的及び実証的な議論が展開される可能性を示唆している。そこでは、かりに多国籍企業の活動が途上国の現地企業や地場産業の自立に役立ち、それを通じた「経済発展」が実現するのであれば、当該途上国の国民の生活は少しずつ余裕が持てるようになり、さらには、それが国民意識の醸成――「政治発展」へとつながっていくことが期待されるのである。社会思想史の文脈から言えば、これは、「ネオ・インダストリアリズム」（新産業主義）とでも呼べるものはないだろうか(16)。そして、このことは、いわゆる政治的リーダーが発揮するアントレプレヌアーシップというものが、当該国の経済発展のみならず、その政治発展をも生み出す源泉となる可能性を示唆していると考えられるのである。

注

(1)　プロトン・プロジェクトのこうした目的の背景には、途上国が近代工業化の道程を最短距離で突き進むために最も有効な手法が自動車産業の育成であるという認識が存在している。このことは、すでに韓国がヒュンダイ社の育成において先んじ、また、インドネシアがプロトンの後追いをする形で国民車プロジェクトを推進しているという事実にも裏づけられている。自動車という商品は現存するあらゆる産業に関わりを有する商品であり、これを自立産業としての軌道に乗せることに成功すれば、近代化の実現に大いに寄与するというわけである。尚、プロジェクトの目的事項の確認については、三菱商事（一九九五）、三菱自動車（一九九五）、ＨＩＣＯＭ（一九九五）、ＰＲＯＴＯＮ（一九九五）などに記述されている。また、プロトン・プロジェクトを生み出す背景となったマハティール首相の開発理念、ルック・イースト・ポリシー、二〇二〇年先進国入りキャンペーンなどについては、マハティール（一九八六）、ラジェンドラン（一九九五）などを参照。

(2)　プロトンの成功は、日本では、これまで経済学や経営学の分野において注目されることが多かったが、政治学、政治経済学、国際政治学などの領域においては注目度が低かった。これを受けて、筆者は、プロトンの成功がマレーシアの経済発展のみならず、国民意識の醸成にも寄与することを証明していく議論——政治経済学的分析を志向したのであるが、本章の議論はその目的の達成には届かず、前提認識の整備という段階にとどまった。別分野における先行研究の一例として、框守(一九九四)がある。

(3)　多国籍企業の政治経済的な役割もしくはその活動の効果、また、自動車産業の育成や発展とその国民経済との関連性といった諸問題を論じた業績として、(一九九一)、上野(一九九〇)などがあり、また、産業研究として、産業研究所(一九八五)、トヨタ自動車(一九六七)、日産自動車(一九九一)などがあるが、ここではそうした従来の議論を踏まえた上で、しかし、あまりそうした先行業績に縛られることなく独自の産業発展段階の基準を設定し、本章の分析的枠組とした。

(4)　プロトン・プロジェクトの沿革ならびにプロトン社の概要については、三菱商(一九九五)、三菱自動車(一九九五)、HICOM(一九九五)、PROTON(一九九五)などの報告書や社内資料によって知ることができるが、広報資料を用いる場合には、事実関係の確認とともに事象の背景にある社会的事情を考察する必要があろう。尚、本稿における同プロジェクトに関する記述内容には、これらの報告書・資料に加えて、随時、同プロジェクトに詳しいMMC／MC関係者へのヒヤリング内容が含まれている。

(5)　マハティール首相が自己の政治的基盤とするアムノ党の内外をめぐるこの政争は、同首相が就任以来はじめての政権の危機であった。これは、途上国の宿命である外敵環境(国際社会)に対する脆弱性——国外の不況の波が国内の経済を直撃することを通じて深刻な不景気が生じ、これによって政権支持率の低下や政策論争が創出されたことに起因している。なお、この間の経済社会および政治社会の動向については、小野沢(一九九四)、萩原(一九九六)、平川(一九九四)などの業績に論じられている。

(6)　イギリスへの輸出という活動については、右ハンドル車という商品の技術的性格から位置付けることが最も妥当ではあるが、他に、イギリス国内の自動車産業が低迷しているという事実にも関係があると思われる。ヨーロッパの自動車産業史に不滅の業績を残したローバー社(ROVER)の一部車種を除いて、現在、イギリスの国産車には世界市場で日本、アメリカ、ドイツなどの量産車に対抗し得るほどの国際競争を有する商品は残念ながら皆無である(MMC／MC関係者へのインタヴュー)。

(7)　マハティール首相と非常に密接な関係にあるヤハヤ氏への経営移管については、名ばかりの民営化との批判も強かった。また、資本参加を行っていたMMC／MC側の心情としては、株主の一人として今後もプロトンには発展してもらわねばならなかったわけであるが、そのためにはプロトンが有する本来的なナショナル性を排除する必要があると希望したのは当然である。したがって、マハティール=ヤハヤ・ラインによって管轄されるというナショナルな傾向が続くことに懐疑の念を禁じ得なかったのは必然であろう(MMC／MC関係者へのインタヴュー)。なお、ヤハヤ氏の会長就任に関するトピックスについては、日経産業新聞(一九九五年一一月一二日)を参照。

(8)　経済学的に考察すれば、こうした国内における生産量の増大は、輸出を通じて外貨の獲得を実現してこそ、はじめて国家利益として還元されるというわけであるが、残念ながら依然としてプロトンの輸出絶対量がマレーシアの全輸出量に占める割合は少ない。

(9)　プラザ合意(円高体制)に至る背景として、日本の驚異的な対米輸出黒字を減らすという意図が日米両国の行政担当者に存在していたことは周知の事実であり、その黒字原因の一つが自動車輸出によるものであったことは認識に値する(坂井、一九九一)。

(10)　今日のリストラ社会に至る過程において、自動車産業の国内生産＝先進国向け輸出という構造は、先進国現地生産＝先進国現地販売という構造へ転換し、さらに、途上国生産＝先進国向け輸出という構造に転換していったのであり、これらは日本企業が自己の合理化(コスト削減)を目指す限り、当然の成り行きであったといえよう(上野、一九八八)。また、こうした合理化と並んで現代日本の自動車企業における最大の難問である安全性基準の厳正化については、朝日新聞(一九九六年三月二三日及び五月八日)を参照。

(11)　アジアＮＩＥＳ諸国の経済発展において、当該国家による直接的な産業政策より、より一般的な学校教育制度の充実を通じた人的資本養成政策の方が寄与したとする研究成果は興味深いものである(World Bank, 1993)。

(12)　高度資本主義の核心を自動車産業の興隆という事象に求め、それを今世紀の大衆社会で実現した事例として現代アメリカ社会を位置付け、さらに、そのアメリカニズムの論理的中核をフォード主義に求める議論も存在する(石井、一九九五)。

(13)　産業主義(インダストリアリズム)の本来の意義の一つは、産業の発展を通じた国家の近代化――国益の増大と国力の充実である。しかし、他方では、産業の発展が国民の生活水準の向上と労使関係の近代化をもたらし、それを通じた体制内における自由民主主義化の推進に寄与する――産業民主主義という含意をも有していることは明白であろう(石井、一九九五)。

(14)　たとえば梅津(一九九六)は、今後、安全保障上の安定化と並んで、この地域において石油をはじめとするエネルギーがどれだけ開発・供給できるかという要素によってアジア経済の将来が決定されることを見抜いており、また、これらの要素が、ＡＳＥＡＮ諸国がＡＰＥＣから離脱できない制約条件になっていると指摘する。

(15)　先進国病やイギリス病という概念は、現在ではあまり使用されなくなったが、そうした問題に関する議論とほぼ同様の意義を有する議論として、村上(一九九二)などの現代社会や現代文明の将来に関する問題を取り扱う業績がある。こうした議論では、資本主義的な近代工業化の弊害を取り上げる視座が設定されている。

(16)　ネオ・インダストリアリズム(新産業主義)という概念は、産業の発展を通じた当該社会における自由民主主義(リベラル・デモクラシー)の実現という意義を有する産業主義(インダストリアリズム)の概念に示唆を受けて、その現代版として考案した筆者の造語であり、概念の精緻化については現在研究中である(石井、一九九五)。また公的支援たる政府開発援助(ＯＤＡ)の規範的意義については、西垣・下村(一九九三)を参照。

参考文献

邦語および翻訳文献(五十音順)

C・アージリス(伊吹山太郎・中村実訳)『新訳・組織とパーソナリティ――組織と個人との葛藤』(日本能率協会、一九七〇年)
有賀貞『アメリカ政治史』(福村出版、一九八五年)
――『アメリカ外交史』(有斐閣選書、一九九八年)
石井貫太郎「リーダーシップの政治学――研究方法論的考察」目白大学編『人文学部紀要』第一〇号(二〇〇三年①)所収
――「リーダーシップの政治学・再考――政治家の条件について」目白大学編『人文学部紀要』第一一号(二〇〇三年②)所収
――『現代社会を論ずるための30章』(芦書房、二〇〇三年③)
――『現代の政治理論』(ミネルヴァ書房、一九九八年)
――『現代国際政治理論(増補改訂版)』(ミネルヴァ書房、二〇〇二年)
――「二〇世紀の思想的遺産」東洋英和女学院大学(編)『研究紀要』第三三号(一九九五年、一―一一頁)所収
――(編)『国際関係論のフロンティア――理論と実証』(ミネルヴァ書房、二〇〇二年)
井原久光『テキスト経営学――現代社会と組織を考える』(ミネルヴァ書房、一九九九年)

猪木正道『軍国日本の興亡』(中公新書、一九九五年)
上野明『多国籍企業の経営学』(有斐閣、一九九〇年)
――『新・国際経営戦略論』(有斐閣、一九八八年)
M・ヴェーバー(脇圭平訳)『職業としての政治』(岩波文庫、一九一九年)
M・ヴェーバー(世良晃志郎訳)『支配の社会学(全二巻)』(創文社、一九二一年)
宇佐美滋『アメリカ大統領を読む事典』(講談社、二〇〇〇年)
――『アメリカ大統領歴代四一人の素顔』(三笠書房、二〇〇〇年)
梅津和郎「拡大ASEANへの視点」梅津(編)『アジア太平洋共同体』(晃洋書房、一九九六年、一七三―一八四頁)所収
梅本堯夫・大山正(編)『心理学への招待――こころの科学を知る』(サイエンス社、一九九二年)
――(編)『心理学史への招待――現代心理学の背景』(サイエンス社、一九九四年)
大森実『ド・ゴール――孤高の哲人宰相(人物現代史シリーズ)』(講談社、一九七八年)
大山正・詫摩武俊・中島力『心理学(新版)』(有斐閣選書、一九九三年)
岡澤憲芙『政党政治とリーダーシップ』(敬文堂、一九八六年)
岡義武『近代日本の政治家』(岩波現代文庫、二〇〇一年)
奥村悳一『経営と社会』(同文館、一九八七年)
奥村悳一『経営管理論』(有斐閣、一九九七年)

小野沢純「マレーシア・ブルネイ・二〇二〇年ヴィジョン」渡辺利夫(編)『アジア経済読本』(東洋経済新報社、一九九四年、一三六―一五四頁)所収
海音寺潮五郎『中国英傑伝(上・下)』(文春文庫、一九七八年)
――『悪人列伝(一)~(五)』(文春文庫、一九八一~二年)
――『武将列伝(一)~(七)』(文春文庫、一九八五~六年)
角田房子『一死、大罪を謝す・陸軍大臣阿南惟幾』(新潮社、一九八三年)
榧守哲士「日本自動車企業とマレーシアの国民車プロジェクト」丸山惠也(編)『アジアの自動車産業』(亜紀書房、一九九四年、二四三―二八九頁)所収
J・K・ガルブレイス(山本七平訳)『権力の解剖』(日本経済新聞社、一九八四年)
木村英亮『ソ連の歴史』(山川出版社、一九九一年)
久保憲一『現代アメリカ大統領』(嵯峨野書院、一九九三年)
車戸實(編)『経営管理の思想家たち』(早稲田大学出版部、一九八七年)
E・クレッチマー(相場均訳)『体格と性格』(文光堂、一九六〇年)
小堀桂一郎『宰相・鈴木貫太郎』(文春文庫、一九八七年)
小松茂朗『終戦時宰相・鈴木貫太郎』(光人社、一九九五年)
斎藤眞『アメリカ現代史』(山川出版社、一九七六年)
坂井昭夫『日米経済摩擦と政策協調』(有斐閣、一九九一年)

佐治守夫・飯長喜一郎『パーソナリティ論』（放送大学教育振興会、一九九一年）
産業研究所（編）『自動車産業の国際化と産業協力』（一九八五年）
塩川伸明『終焉の中のソ連史』（朝日新聞社、一九九三年）
白樫三四郎『シーダーシップの心理学』（有斐閣選書、一九八五年）
鈴木乙史『性格はどのように変わっていくか』（読売新聞社、一九九二年）
鈴木貫太郎（鈴木一編）『鈴木貫太郎自伝（時事通信社、一九八五年）
R・ダール＆C・E・リンドブロム（磯部浩一訳）『政治・経済・厚生』（東洋経済新報社、一九五三年）
田尾雅夫『組織の心理学（新版）』（有斐閣ブックス、一九九九年）
――『成功の技法』（中公新書、二〇〇三年）
瀧本孝雄・鈴木乙史・清水弘司『性格の心理』（福村出版、一九八五年）
高橋直樹『政治学と歴史解釈――ロイド・ジョージの政治的リーダーシップ』（東京大学出版会、一九八五年）
高崎通浩『歴代アメリカ大統領総覧』（中公新書、二〇〇二年）
詫摩武俊・瀧本孝雄・鈴木乙史・松井豊『性格心理学への招待――自分を知り他者を理解するために』（サイエンス社、一九九〇年）
立石優『鈴木貫太郎』（PHP文庫、二〇〇〇年）
塚田富治『近代イギリス政治家列伝――彼らは我らの同時代人』（みずほ書房、二〇〇一年）
〇・ティード（土田哲訳）『リーダーシップ』（創元社、一九八七年）

N・ティシー&M・A・ディバナ(小林薫訳)『状況変革型リーダー』(ダイヤモンド社、一九八八年)
A・デュアメル(村田晃治訳)『ド・ゴールとミッテラン――刻印と足跡の比較論』(世界思想社、一九九九年)
トヨタ自動車工業株式会社『トヨタ自動車三〇年史』(一九六七年)
シャルル・ド・ゴール(村上光彦・山崎庸一郎)『ド・ゴール大戦回顧録(呼びかけ一・二)(統一一・二)(救済一・二)』(全六冊セット)(みすず書房、一九九九年)
中西治『現代人間国際関係史』(南窓社、二〇〇三年)
――『ソ連邦から共同体へ』(南窓社、一九九二年)
中村常次郎・高柳暁(編)『経営学(第三版)』(有斐閣、一九八七年)
西垣昭・下村恭民『開発援助の経済学』(有斐閣、一九九三年)
日産自動車株式会社『自動車産業ハンドブック』(紀伊国屋書店、一九九一年)
日本自動車工業会『主要国自動車統計』(各年版)
萩原宜之『ラーマンとマハティール』(岩波書店、一九九六年)
P・H・ハーシー&K・H・ブランチャード(山本成二・水野基・成田攻訳)『行動科学の展開――人的資源の活用』(日本生産性本部、一九七八年)
P・ハーシー(山本成二訳)『状況対応リーダーシップ』(日本生産性本部、一九八五年)
F・ハーズバーグ(北野利信訳)『仕事と人間』(東洋経済新報社、一九六八年)
花井等『終戦宰相・鈴木貫太郎』(広池出版、一九九七年)

半藤一利『聖断・天皇と鈴木貫太郎』(文春文庫、一九九八年)
――『日本のいちばん長い日』(文春文庫、一九九五年)
平川均「NIESの経済発展と国家」萩原(編)(一九九四年、一六五―一九三頁)所収。
H・ファヨール(山本安次郎訳)『産業ならびに管理の一般原則』(ダイヤモンド社、一九八五年)
――(佐々木恒男編訳)『経営改革論』(文眞堂、一九八九年)
O・フェルドマン「政治的リーダーシップ――政治的誘因と行動」河田潤一・荒木義修共編『ハンドブック政治心理学』(北樹出版、二〇〇三年)
藤田新治「パーソナリティと適応」金城辰夫(編)『図説・現代心理学入門』(培風館、一九九〇年)所収
藤永保『思想と人格――人格心理学への途』(筑摩書房、一九九一年)
藤本一美『ケネディとアメリカ政治』(つなん出版、二〇〇〇年)
プラトン(藤沢令夫訳)『国家(全二巻)』(ワイド版岩波文庫、二〇〇二年)
R・R・ブレーク&J・S・ムートン(田中敏夫・小宮山澄子訳)『新・期待される管理者像』(産業能率大学出版部、一九七九年)
S・ホフマン(天野恒雄訳)『革命か改革か(フランス現代史一)』(白水社、一九七七年)
――(天野恒雄訳)『政治の芸術家ド・ゴール(フランス現代史二)』(白水社、一九七七年)
――(天野恒雄訳)『没落か再生か(フランス現代史三)』(白水社、一九七七年)
N・マキアヴェッリ(河島英昭訳)『君主論』(岩波書店、一九九八年)

D・マグレガー(高橋達男訳)『企業の人間的側面(新版)』(産業能率短期大学出版部、一九七〇年)
松井玉夫『リーダーシップ』(ダイヤモンド社、一九八三年)
M・マハティール(高多理吉訳)『マレー・ジレンマ』(勁草書房、一九八六年)
三隅二不二『リーダーシップ行動の科学(改訂版)』(有斐閣、一九八四年)
三菱商事株式会社「マレーシア国民車プロジェクト(社内資料)」(一九九五年一二月)
村上泰亮『反古典の政治経済学(上・下)』(中央公論社、一九九二年)
山内昌之『政治家とリーダーシップ――ポピュリズムを越えて』(岩波書店、二〇〇一年)
山上正太郎『チャーチル・ドゴール・ルーズベルト――ある第二次世界大戦』(社会思想社、一九八九年)
山川勝巳『政策とリーダーシップ』(関西大学出版部、一九九三年)
――『政治学概論(第二版)』(有斐閣ブックス、一九九四年)
矢野恒太郎記念会(編)『世界国勢図会(一九九五/九六年版)』(国勢社、一九九五/九六年)
M・ラジェンドラン(安藤一生訳)『マハティールの夢』(サイマル出版会、一九九五年)
H・D・ラズウェル(永井陽之助訳)『権力と人間』(創元社、一九四八年)
R・リッカート(三隅二不二訳)『経営の行動科学』(ダイヤモンド社、一九六四年)
李林『多国籍企業と中国』(有斐閣、一九九一年)
K・レヴィン(猪俣佐登留訳)『社会科学における場の理論』(誠信書房、一九七二年)

外国語文献(アルファベット順)

Bales, R. F. and P. E. Slater, "Role Differentiation in Small Decision-Making Groups," in T. Parsons, et al. eds., *Family, Socialization and Interaction Process*, Free Press, 1955.

Barber, J. D., *The Lawmakers*, Yale University Press, 1965.

——, J. D., *Presidential Character*, Prentice Hall, 1985.

Bartol, K. M. and D. C. Martin, *Management*, McGraw-Hill, 1994.

Bovee, C. L., コ. V. Thill, M. B. Wood and G. P. Dovel, *Management*, McGraw-Hill, 1993.

Bower, D. and S. Seashore, "Predicting Organizational Effectiveness with A Four-Factor Theory of Leadership," *Administrative Science Quarterly*, 11, pp.238-263, 1966.

Burkr, R. J., "Methods of Resolving Superior-Subordinate Conflict: The Constructive Use of Subordinate Differences and Disagreements," *Organizational Behavior and Human Performance*, 5, pp.393-411, 1970.

Burns, J. M., *Leadership*, Harper and Row, 1978.

Cattell, R. B., *Personality*, McGraw-Hill, 1950.

Department of Statistics Malaysia, *National Accounts Statistics 1988-1990,* September 1991.

Evans, M. G., "Extentions of A Path-Goal Theory of Motivation," *Journal of Applied Psychology*, 59, pp.172-178, 1974.

Eysenk, H. J., *The Structure of Human Personality*, second ed., Mephuen, 1960.

Fiedler, F. E., *A Theory of Leadership Effectiveness*, McGraw-Hill, 1967.

Ghiselli, F. E., "The Varidity of Management Traits Related to Occupational Level," *Personnel Psychology*, 16, pp.

109-113, 1963.

Graen, G., K. Alvares, J. B. Orris and J. A. Martella, "Contigency Model of Leadership Effectiveness: Antecedent and Evidential Results," *Psychological Bulletin*, 74, pp.285-296, 1970.

——, G., J. B. Orris and K. Alvares, "Contigency Model of Leadership Effectiveness: Some Experimental Results," *Journal of Applied Psychology*, 55, pp.196-201, 1971.

Hamblin, R. J., "Leadership and Crisis," *Sociometry*, 21, pp.322-335, 1958.

HICOM, *PROTON CORPORATE PROFILE*, 1995(社内資料)

House, R. J., "A Path-Goal Theory of Leadership Effectiveness," *Administrative Science Quarterly*, 16, pp.321-338, 1971.

House, R. J. and M. L. Baetz, "Leadership: Some Empirical Generations and New Research Directions," *Organizational Behavior*, No.1, 1979, pp.341-423.

——, R. J. and G. Dessler, "The Path-Goal Theory of Leadership: Some Post Hoc and A Priori Tests, in J. G. Hunt and L. L. Larson, eds.," *Contigency Approach to Leadership*, Southern Illinois University Press, 1974.

Johnson, R. A., R. J. Morsen H. P. Knowles and B. O. Saxberg, *Systems and Society: An Introduction*, Goodyear Publishing, 1976.

Kerr, S. and J. M. Jermier, "Substitutes for Leadership: The Meaning and Measurement," *Organizational Behavior and Human Performance*, 22, pp.375-403, 1978.

——, S., C. A. Schriesheim, C. J. Murphy and R. M. Stogdill, "Toward A Contigency Theory of Leadership based upon the Consideration and Initiating Structure Literature," *Organizational Behavior and Human Performance*, 12, pp.62-82, 1974.

Kuhnnert, K. W. and P. Lewis, "Transactional and Transformational Leadership: A Constructive / Development Analysis," *Academy of Management Review*, 12, pp.646-657, 1987.

Mahoney, T. A., T. H. Jerdee and A. N. Nash, "Predicting Managerial Effectiveness," *Personnel Psychology*, 13, pp. 147-163, 1960.

Nash, A. N., "Development of An SVIB Key for Selecting Managers," *Journal of Applied Psychology*, 50, pp.250-254, 1966.

PROTON, *PROTON ANNUAL REPORT*, 1995（社内資料）

Sheldon, W. H., and S. S. Stevens, *The Varieties of Temperament*, Harper and Row, 1942.

Steinbrunner, J. D., *The Cybernetic Theory of Decisiom*, Princeton University Press, 1974.

Stogdill, R. M., *Handbook of Leadership: A Survey of Theory and Research*, Free Press, 1974.

Szylagyi, A. D. and H. P. Sims Jr., "An Exploration of the Path-Goal Theory of Leadership in a Health Care Environment," *Academy of Management Journal*, 17, pp.622-634, 1974.

Vroom, V. H. and P. W. Yetton, *Leadership and Decision-Making*, University of Pittsburg Press, 1973.

——, V. H. and A. G. Jago, *The New Leadership: Managing Participation in Organizations*, Prentice-Hall, 1988.

White, R. K. and R. Lippitt, *Autocracy and Democracy*, Harper and Row, 1960.

Word Bank, *THE ASIAN MIRACLE*: *Economic Growth and Public Policy,* Oxford Univ. Press, 1993. 2

Yukl, G. A., *Leadership in Organizations*, Prentice-Hall, 1981.

Ziller, R. C., W. F. Stone, R. M. Jackson and N. J. Terbovic, "Self-Other Orientation and Political Behavior, in M. G. Hermann," *A Psychological Examination of Political Leaders*, Free Press, 1977.

〈著者紹介〉
石井　貫太郎（いしい　かんたろう）

1961年　東京都生まれ
1984年　青山学院大学経済学部経済学科卒業
1986年　青山学院大学大学院経済学研究科経済政策論専攻前期博士課程修了
1990年　慶應義塾大学大学院法学研究科政治学専攻後期博士課程修了
1991年　法学博士（慶應義塾大学）
東洋英和女学院短期大学専任講師、同大学専任講師、助教授を経て現職。
この間、慶應義塾大学、横浜市立大学、青山学院大学、二松学舎大学、
恵泉女学園大学、青山学院女子短期大学などの非常勤講師を歴任。
現　職　目白大学人文学部および目白大学大学院国際交流研究科助教授
日本臨床政治学会理事、日本臨床政治研究所主任研究員、
日本政治学会評議員、日本国際政治学会評議員、日本国際法学会会員。
専攻領域　政治学・国際関係論・リーダーシップ論
〔主要著作論文〕
『国際政治分析の基礎』（単著、晃洋書房、1993年）
『現代国際政治理論』（単著、ミネルヴァ書房、1993年）
『現代の政治理論』（単著、ミネルヴァ書房、1998年）
『冷戦後の国際政治と地域協力』（共著、1998年）
『国際関係論へのアプローチ』（編著、ミネルヴァ書房、1999年）
『名著に学ぶ国際関係論』（共著、有斐閣、1999年）
『グローバル時代の企業と社会』（編著、ミネルヴァ書房、2002年）
『現代国際政治理論（増補改訂版）』（単著、ミネルヴァ書房、2002年）
『国際関係論のフロンティア』（編著、ミネルヴァ書房、2003年）
『現代社会を論ずるための30章』（芦書房、2003年）
など、政治学・国際関係論に関する著書・論文多数。

【現代臨床政治学シリーズ１】

リーダーシップの政治学

2004年　4月10日　　初　刷第１刷発行　　〔検印省略〕

＊定価はカバーに表示してあります

著者 ©石井貫太郎／発行者　下田勝司　　印刷・製本　中央精版印刷

東京都文京区向丘1-20-6　　振替00110-6-37828
〒113-0023　TEL（03）3818-5521　FAX（03）3818-5514
E-Mail　tk203444@fsinet.or.jp

発行所
株式会社　東　信　堂

Published by TOSHINDO PUBLISHING CO., LTD.
1-20-6, Mukougaoka, Bunkyo-ku, Tokyo, 113-0023, Japan

ISBN4-88713-553-x　C3031　